LA MUERTE DE LA PORNOGRAFÍA

HOMBRES DE INTEGRIDAD CONSTRUYENDO UN MUNDO DE NOBLEZA

Querido amigo,
   Mi corazón anhela tocar tu corazón a través de estas cartas. Gracias por tu confianza.
                              —Ray

RAY ORTLUND

LA MUERTE DE LA PORNOGRAFÍA

HOMBRES DE INTEGRIDAD CONSTRUYENDO UN MUNDO DE NOBLEZA

Prefacio por Thabiti Anyabwile

B&H ESPAÑOL
NASHVILLE, TN

La muerte de la pornografía: Hombres de integridad construyendo un mundo de nobleza

Copyright © 2022 por Ray Ortlund

Todos los derechos reservados.
Derechos internacionales registrados.

B&H Publishing Group
Nashville, TN 37234

Diseño de portada por Crossway
Traducción imagen de la portada por B&H Español.

Director editorial: Giancarlo Montemayor
Editor de proyectos: Joel Rosario
Coordinadora de proyectos: Cristina O'Shee

Clasificación Decimal Dewey: 176
Clasifíquese: PORNOGRAFÍA / ERÓTICA / ÉTICA SEXUAL

Ninguna parte de esta publicación puede ser reproducida ni distribuida de manera alguna ni por ningún medio electrónico o mecánico, incluidos el fotocopiado, la grabación y cualquier otro sistema de archivo y recuperación de datos, sin el consentimiento escrito del autor.

A menos que se indique de otra manera, las citas bíblicas marcadas RVR1960 se tomaron de la versión *Reina-Valera 1960* ® © Sociedades Bíblicas en América Latina, 1960; Renovado a Sociedades Bíblicas Unidas, 1988. Utilizado con permiso. *Reina-Valera 1960*® es una marca registrada de las Sociedades Bíblicas Unidas y puede ser usada solo bajo licencia.

Las citas bíblicas marcadas NBLA se tomaron de la Nueva Biblia de las Américas (NBLA), Copyright © 2005 por The Lockman Foundation. Usadas con permiso.

Las citas bíblicas marcadas NTV se tomaron de la Santa Biblia, Nueva Traducción Viviente, © Tyndale House Foundation, 2010. Usado con permiso de Tyndale House Publishers, Inc., 351 Executive Dr., Carol Stream, IL 60188, Estados Unidos de América. Todos los derechos reservados.

Las citas bíblicas marcadas NVI se tomaron de La Santa Biblia, Nueva Versión Internacional®, © 1999 por Biblica, Inc.®. Usadas con permiso. Todos los derechos reservados.

ISBN: 978-1-0877-5470-3

Impreso en EE. UU.
1 2 3 4 5 * 25 24 23 22

Para mis nietos:
Que prosperen como hombres de integridad.

Y para mis nietas:
Que florezcan en un mundo de nobleza.

Contenido

Prefacio por Thabiti Anyabwile 9

Introducción: El trasfondo 13

PARTE I   REINTRODUCCIÓN DE LOS PERSONAJES

1. Eres de la realeza 21
2. Ella es de la realeza 37
3. Él es de la realeza 53

PARTE II   VUELVE A IMAGINAR EL FUTURO

4. Podemos hacerlo 69
5. Podemos trabajar juntos 85
6. Podemos marcar un mundo de diferencia 101

Apéndice: «La identidad del varón» 121

Prefacio

INCLUSO PARA ALGUNOS de nosotros no tan jóvenes, Ray Ortlund es una figura paternal. No se ha ganado ese estatus a través de afirmación, posición o poder, sino a través de ánimo, exhortación, empatía y una energía aparentemente inagotable por Jesús. Es el tipo de hombre que admiras porque tienes ese sentimiento inconmovible de que te ama. Y no solo a ti, sino también a todos.

Por esta razón Ray es la persona ideal para tratar una de las más grandes plagas de nuestro tiempo: la pornografía. Actualmente, en casas, oficinas y carros a lo largo del país, la pornografía está adhiriendo sus tentáculos a los ojos, las mentes y los corazones de hombres, mujeres, niños y niñas. Se introduce sigilosamente a las vidas de inocentes por medio de carnadas a un clic de distancia y trampas que seducen. La pornografía intenta reforzar su dominio sobre los adolescentes que explotan con los cambios de la pubertad, hombres y mujeres en medio de matrimonios tristes o alegres, y líderes cristianos que intentan mantener vidas de aparente éxito externo y corrupción interna. Lo que antes estaba confinado a revistas ha abierto camino hacia la corriente principal de la sociedad y la iglesia.

Ray Ortlund entiende que derrotar al monstruo de la pornografía no será logrado con un puñetazo o un golpe a la quijada de una sola persona cuando todos los demás soldados han caído. La victoria puede ser obtenida, pero solamente dentro de la comunidad amorosa de la iglesia local con personas santas unidas en un mismo pacto de hacer frente a los engaños del enemigo en la verdad del evangelio de Jesús y el poder del Espíritu Santo.

Ray entiende que un abrazo de un compañero de equipo es una herramienta mucho más poderosa que una palmada en la espalda de un aficionado. Por esta razón él escribe sobre este sensible y peligroso tema con el tono y la calidez de un compañero de viaje.

En este libro, Ray utiliza palabras que logran un efecto que glorifica a Dios y edifica el alma. No es que esté siendo astuto o halagador, sino que sus palabras son simplemente devastadoras, en un buen sentido. ¡Son el resultado de su sinceridad! Si de la abundancia del corazón habla la boca, entonces en las profundidades del corazón de Ray existe una reserva de bálsamo fragante y dulzura fortalecedora. Pero no la dulzura de bocadillos azucarados que son abaratados con aditivos y conservantes. Estas páginas nos brindan la dulce madurez del envejecimiento, como una miel de calidad, combinada con humildad y experiencia, que sale de su corazón hacia el corazón del lector.

Al leer este libro, tendrás la sensación de que esto es lo que el apóstol Pablo quiso decir cuando describió su ministerio hacia los tesalonicenses:

> Antes fuimos tiernos entre vosotros, como la nodriza que cuida con ternura a sus propios hijos. [...] Así como también sabéis de qué modo, como el padre a sus hijos, exhortábamos y consolábamos a cada uno de vosotros, y os encargábamos que anduvieseis como es digno de Dios, que os llamó a su reino y gloria (1 Tes. 2:7,11-12).

PREFACIO

No sé qué tipo de libro sobre la pornografía esperabas leer. Pero sospecho que este libro te sorprenderá con la fortaleza de Cristo que viene del amor. Te recordará quién eres en Cristo, quiénes son los hombres y mujeres creados a la imagen de Dios que están a tu alrededor y te recordará también el hecho de que no estás solo. Existe ayuda. Existe la victoria. Hay una manera de volver a obtener la majestuosidad de ser de la realeza, porque Dios en Cristo nos está renovando a ti y a mí a Su imagen.

Este libro habla al desanimado y al distraído, al que sufre y al malhumorado, al incrédulo y al desprevenido, al arrogante y al inseguro. Es para todo aquel que, incluso por un momento, piensa que la victoria sobre la pornografía no es posible. Es para ti porque la victoria no solo es posible, sino que además ha sido alcanzada para nosotros por Jesús, el Salvador resucitado.

Ven, deja que Ray te introduzca a este Jesús y te pastoree hacia la libertad y el gozo que se encuentra en Él.

Thabiti Anyabwile
Pastor, Anacostia River Church
Washington, D. C.

Introducción

El trasfondo

GRACIAS POR ESCOGER ESTE LIBRO. Espero que sea de ayuda. Espero que cambie las cosas. Muchas cosas. Espero que leerlo te confronte. Escribirlo de seguro me confrontó a mí.

Esto es lo único que necesitas saber sobre mí.

- Soy un pastor cristiano.
- Amo a mi esposa.
- No veo pornografía.
- Soy un pecador sexual.

Me gustaría que la última no fuera verdad. Pero hay un burdel en el vecindario de mi mente en el que he entrado una o dos veces. Es una gran parte de por qué estoy agradecido por la gracia de Jesús. Ni una sola vez, una parada en Fantasíalandia hizo mi vida mejor. Y ni una sola vez Jesús se ha rehusado a tomarme de vuelta y a limpiarme.

Si tú también eres un pecador sexual, este libro es para ti. No para el tú externo y limpio, sino el tú interno y turbio. El verdadero tú, como el verdadero yo.

INTRODUCCIÓN

Este libro *no* se trata de cómo pulir esto y aquello, cómo convertirte en alguien socialmente más presentable. Se trata de que tu corazón por fin se atreva a creer en tu verdadera realeza. Se trata de que el «verdadero tú» gane tracción para una nueva integridad, en especial en una hermandad honesta con otros varones. Se trata de que tú, junto con otros varones maravillosos, construyan un mundo de nobleza, donde tanto hombres *como* mujeres puedan florecer.

Lo que hizo que comenzara este libro fue una carta escrita hace más de 200 años. En sus últimos días de vida, John Wesley, un ministro de la Iglesia Anglicana, escribió una carta a un joven político llamado William Wilberforce. Wesley lo instó a utilizar su influencia política para oponerse a la trata de esclavos en el Imperio británico. Wilberforce lo hizo. Él convirtió esa lucha en su misión de vida. Se le opusieron personas poderosas. Pero, con la ayuda de Dios, Wilberforce y sus aliados finalmente derrotaron a la trata de esclavos e hicieron del mundo un lugar mejor.

Esta es la carta de Wesley. Y, por favor, ¡ignora el estilo anticuado! Simplemente observa lo que Wesley le pedía a Wilberforce que hiciera, que se parara firme contra un mal exitoso que muchas personas aceptaban como algo intrascendente.

Estimado señor:

A no ser que el divino poder os haya levantado como un «Atanasio contra el mundo»,[1] no veo cómo podríais completar vuestra iniciativa gloriosa de oponeros a la execrable villanía que constituye el escándalo de la religión, de Inglaterra y de la

---

1 Atanasio fue un obispo de Alejandría, Egipto, durante el siglo IV. Se opuso a la herejía generalizada conocida como arrianismo. Sus contrincantes lo sobrepasaban en número de tal manera que llegó a ser conocido como «Atanasio contra el mundo».

INTRODUCCIÓN

naturaleza humana. A no ser que Dios os haya levantado para esta causa, os veréis desgastado por la oposición de hombres y de demonios. Pero, si Dios es con vos, ¿quién podrá contra vos? ¿Acaso son todos ellos más fuertes que Dios? Ah, ¡no os canséis de hacer bien! Seguid, en el nombre de Dios y en el poder de Su fuerza, hasta que incluso la esclavitud americana (la más cruel jamás vista bajo el sol) se desvanezca ante Él.

Al leer esta mañana un breve tratado escrito por un pobre africano,[2] me vi particularmente afectado por la circunstancia de que un hombre con piel de color, a pesar de ser maltratado y ofendido por un hombre blanco, no pueda recibir compensación, ya que está escrito en la ley de todas nuestras colonias que el juramento de un africano contra el de un blanco es inválido. ¡Qué villanía es esta!

Que Aquel que os ha guiado desde vuestra juventud os fortalezca continuamente en esta y en todas las cosas es la oración de,

Estimado señor,
Vuestro siervo afectuoso,
John Wesley

BALHAM,
24 DE FEBRERO DE 1791

Me encanta. Ese solemne «Estimado señor», la inspiradora «iniciativa gloriosa», la franca «execrable[3] villanía», la realista «oposición de hombres y de demonios». ¡¿Dónde me inscribo?!

De cualquier manera, esta antigua carta me puso a pensar: ¿qué hay de nosotros hoy? ¿Qué tal si, no un solo hombre, sino una

---

2 Wesley se refiere a Gustavus Vassa, nacido en África en 1745, secuestrado y vendido como esclavo en Barbados y llevado a Inglaterra en 1757.
3 «Execrable» significa «que merece condenación».

generación entera, se levanta con firmeza contra la nueva trata de esclavos de nuestros días? La *pornografía*. La esclavitud no se ha ido. Sigue fuerte, pero ha tomado una forma diferente. Una multitud de hombres y de mujeres se encuentran en cadenas bajo la degradante esclavitud de la pornografía.

Eso hace de la pornografía una cuestión de *justicia*. Hijo mío, ¡yo sé que no estás de acuerdo con la injusticia! Tú sabes cómo el corazón de Dios se rompe cuando las personas son oprimidas, vandalizadas y deshumanizadas. Pero ¿sabías que Dios te llama, así como llamó a Wilberforce, a *hacer* algo al respecto? Y sí *puedes* hacer algo al respecto, porque Dios mismo te ayudará.

Sí, las probabilidades humanas están en tu contra. La industria de la pornografía está bien arraigada. No soltará su agarre con facilidad. Muchas personas en nuestros días simplemente la aceptan, así como aceptaban la esclavitud racial en ese entonces. Por eso, Wesley mencionó a «Atanasio contra el mundo». Atanasio fue un hombre heroico que se enfrentó a pronósticos imposibles y confrontó un mal mayor en su tiempo por el bien de las generaciones futuras. Y venció, porque Dios estaba con Él, así como está contigo hoy.

Sí, *contigo*. El Dios Todopoderoso está *contigo*.

No te digas a ti mismo que estás demasiado metido en tu propio pecado sexual para ser libre, mucho menos para liberar a otros. Tienes un futuro que vale la pena alcanzar. Y quiero ayudarte a llegar allí.

Eso es lo que te pido que recuerdes, durante todo el camino. Tu batalla contra la pornografía no se trata de la pornografía. No se trata del sexo. No se trata de la fuerza de voluntad. Tu batalla se trata de la esperanza. Se trata de que tu corazón crea que, a pesar de tus muchos pecados (como mis muchos pecados), Dios *se regocija* en darte un futuro con el que apenas puedes soñar.

INTRODUCCIÓN

Vencerás si crees que *el amor de Dios por ti es demasiado grande como para limitarse a lo que mereces.*

Si te ves viviendo bajo una sombría ley de crimen y castigo, donde siempre obtienes el karma que mereces, tu esperanza morirá. Tu desesperación te hundirá más profundo en la resignación y, de allí, entrarás en la espiral descendente de la pornografía y la vergüenza, luego más pornografía y más vergüenza, etc., etc., etc. Sabes a lo que me refiero.

Sin embargo, te pido que *resistas* toda desesperanza, porque Dios le da lo mejor de Él a aquellos que merecen lo peor de Él. Te pido que creas lo que dice la Biblia: «Mas Dios muestra su amor para con nosotros, en que *siendo aún pecadores*, Cristo murió por nosotros» (Rom. 5:8, énfasis del autor). Te pido que rechaces el infierno que tus pecados merecen. Te pido que peques contra tus pecados. Te pido que recibas, con las manos vacías de la fe, un futuro tan magnífico que solo puede venir de la gracia de Dios. Cuando tu corazón se aferra a esa esperanza, el hechizo de la pornografía se rompe y tu libertad comienza a nacer. Así que, tal vez sí *eres* un caos. Pero, con Jesús, eres un caótico *vencedor*, porque ahora eres *Su* problema. Y también yo.

Comencemos este camino juntos al escoger tú y yo *creer* por completo en el versículo más repetido de la Biblia, que nuestro Señor es un Dios «misericordioso y piadoso; tardo para la ira, y grande en misericordia y verdad» (Ex. 34:6). Su perfil de personalidad no está balanceado, sino cargado hacia la gracia para el indigno.[4]

Todo lo que diré fluye de esta resplandeciente certeza sobre quién es Dios *en realidad*.

---

4 Sam Allberry, «The Most Repeated Verse in the Bible», *Desiring God Blog*, 3 de octubre de 2018. https://www.desiringgod.org/articles/the-most-repeated-verse-in-the-bible.

INTRODUCCIÓN

Y, una vez que hayas determinado en tu mente que tienes un futuro digno de emocionarte, entonces puedes ayudar a formar un movimiento rebelde de jóvenes varones que algún día bailarán sobre la tumba de la pornografía, de multitudes de hombres que ya no se denigran sino que se levantan firmes y que aman la vida otra vez. Y todo, gracias a Él.

Esa antigua carta de John Wesley es la razón por la que escribí cada capítulo de este libro en forma de carta, de mí para ti, de un hombre mayor a un hombre más joven, que te llama a entregar tu vida a esta causa sagrada de liberación. Pero no soy solo yo. *Dios* te está llamando a edificar una contracultura donde incontables hombres y mujeres puedan recuperar su vida, mejor que la anterior y para siempre.

Para eso escribí este libro, para empezar un movimiento. Porque tú importas y todos importan. Y, cuando *Dios* entra en el juego, dejamos de limitar cuánto bien podemos recibir de Él y cuánto bien podemos dar al mundo.

No espero vivir muchos años más. Pero, si este libro te ayuda a traer algo de sanación a este mundo herido, llegaré a mi lecho de muerte como un hombre más feliz.

Ray Ortlund
Nashville

PARTE I

REINTRODUCCIÓN DE LOS PERSONAJES

Capítulo 1

Eres de la realeza

QUERIDO HIJO:

Tú importas. Importas más de lo que piensas. Y por eso quiero hablar contigo de tu dignidad delante de Dios, de su valor y de cómo te da el poder para cambiar el futuro.

¿Crees en tu propia nobleza? Sí, eres un buen chico. Pero ser un chico bueno y amable difícilmente se eleva al estándar de tu verdadero destino.

Hace mucho tiempo, un líder cristiano llamado Irineo fue directo al punto: «La gloria de Dios es un hombre completamente vivo».[1] Yo creo eso. Yo creo eso de *ti*. Y lo que digo es esto: Veo a un nuevo tú, en el futuro no demasiado distante, un tú con una chispa en la mirada y una alegría en su caminar y una voluntad de hierro, un tú más completamente vivo de lo que jamás has estado. Y, mientras más se muestra este nuevo tú, más vivo se vuelve el mundo entero.

¿Podemos pensar juntos en las implicaciones de esto?

---

[1] Esta es una paráfrasis de la redacción literal de Irineo: «La gloria de Dios es un hombre vivo». Ver John Keble, trans., *Five Books of S. Irenaeus: Against Heresies* (London, 1872), 369.

Primero, *tengo* que decir esto: Quiero que te conviertas en un mejor hombre de lo que yo he sido.

Recuerdo todavía un momento doloroso hace más de 50 años. Estaba trabajando como modelo en Hollywood; era publicidad de bloqueadores solares. Adolescentes en traje de baño. (¡Anda, ríete!). Pero estaba conmigo una chica en la sesión de fotografías. Era dulce y agradable.

Durante un descanso en nuestro día de trabajo allí en el estudio, caminé hasta la habitación donde se encontraba el chico de los maquillajes. Allí estaba ella, parada en una silla, con el chico delante de ella mientras le colocaba un poco de maquillaje en el cuerpo. El rostro de ella estaba de lado, rojo de vergüenza. En lugar de su traje de baño, tenía un pañuelo que apenas cubría sus senos y lo sostenía con una orilla bajo cada brazo. Este rapaz chico del maquillaje de alguna manera había logrado quitarle su traje de baño y ella trataba de cubrirse lo mejor que podía. Pero él había obtenido poder sobre ella. Él había violado su dignidad. Y ella tenía que estar parada allí, con él enfrente de ella mientras la tocaba una y otra vez con su cepillo para maquillar —y tal vez con algo más. Me enoja cada vez que lo pienso.

Pero, en ese momento, al entrar y registrar la escena en un instante, me quedé conmocionado. Nunca había imaginado tal maldad. No tenía ni idea de qué hacer. Así que no hice nada.

Me di la vuelta y me marché.

Lo que cruzó por mi cabeza fue: «Minimizaré su vergüenza». No quería hacer peor una situación de por sí mala. Pero ¡debí haberla defendido!

Hasta el momento de mi muerte me lamentaré por ese suceso. Cuando esa chica necesitó ayuda contra un mal tipo, yo la decepcioné. No porque la menospreciara. Para nada. Simplemente la ignoré. Yo tenía *cero* conciencia de *mi* propia realeza y de la *suya*. Nunca se me había ocurrido que Dios mismo me guiaba hacia cada momento para ayudar a más personas a experimentar su verdadera grandeza. No sabía cómo despertarme cada mañana, preparado mentalmente para llevar la realeza del reino de Dios a dondequiera que el día pudiera revelar —como proteger a una chica en Hollywood que estaba siendo acosada.

Yo era un muchacho inmaduro y fiestero con un problema. Mi vida se trataba de mí, no de ella. ¿Dónde está la nobleza en eso?

Lo que ahora sé es esto: soy un caballero al servicio del Rey de reyes en este mundo brutal. Mi Rey vivió y murió con esos ideales anticuados de la gallardía, del valor, de la justicia, de la lealtad y de la cortesía hacia las mujeres.[2] Estoy aprendiendo a vivir a Su manera. ¿Podemos aprender juntos? Si abrazas tu llamado sublime más temprano en la vida que yo, harás mucho bien. Estarás listo para lo que sea. Aun sin previo aviso. En especial sin previo aviso.

Así que, pensemos sobre quién eres en verdad.

Bueno, antes de hacerlo, resolvamos la pregunta de quién *no* eres. Este mundo no tiene idea de lo que en verdad vales. Por aquí, tú eres, en el mejor de los casos, útil. Encajas en un nicho de mercado o en un padrón electoral o en alguna otra categoría impersonal para ser manipulado en la agenda egoísta de alguien más.

Pero eso *no* es quien tú eres.

La verdad es que eres de la *realeza*.

Gran Bretaña tiene una familia real, con todos sus lujos y ceremonias. Yo respeto eso. Pero tú perteneces a una familia real más allá de este mundo. Entonces, ¡qué ridículo es que sientas que

---

[2] O. B. Duane, *The Origins of Wisdom: Chivalry* (London, Brockhampton, 1997), 86 *et passim*.

Dios está allá arriba, haciendo muecas porque no puede creer lo idiota que eres! El Dios que de verdad está allá afuera te respeta. Para Él, no eres un peón, no eres un perdedor. A los ojos de Dios, tienes una dignidad real.

Aquí está la razón por la que estoy seguro de esto. La Biblia dice que, mucho antes de los nichos de mercado y los padrones electorales y todo lo demás, tu historia comenzó aquí:

> Y creó Dios al hombre a su imagen,
>   a imagen de Dios lo creó;
>   varón y hembra los creó (Gén. 1:27).

No apareciste en esta vida por casualidad. No saliste de una sustancia viscosa primaria. Fuiste creado por el Rey del universo. Eso significa que tienes un estatus en Su mundo:

> Los cielos son los cielos de Jehová; y ha dado la tierra a los hijos de los hombres (Sal. 115:16).

Como un hombre creado por Dios, tienes todo el derecho de verte a ti mismo «[coronado] de gloria y de honra» (Sal. 8:5). No tienes que *hacer* de esto una verdad. Ya *es* verdad. Tu creación fue tu coronación.

La palabra hebrea que se traduce como «imagen» en Génesis 1:27 se utiliza en otras partes de la Biblia para referirse a una estatua.[3] No eres una estatua literal de Dios. Él no tiene forma ni lados ni límites. Pero tú sí representas la «imagen» de Dios a medida que piensas como Él, lo amas y te alzas en favor de Él. Puedes pensarlo de esta manera:

---

3 Por ejemplo, Amós 5:26.

Así como los reyes poderosos de este mundo, para indicar su posesión o dominio, erigen una imagen de sí mismos en las provincias de su imperio donde no pueden aparecer de manera personal, así el hombre es puesto en la tierra como la imagen de Dios, como emblema del Dios soberano.[4]

Tu identidad, quién eres en verdad, se encuentra en el Rey a quien representas. Tú eres Su embajador real en nuestro mundo quebrantado.

¿Ves ahora por qué creo que tu vida vale tanto? Dios de seguro no te está pidiendo que te conformes con ser mediocre. Él te diseñó para buscar nada menos que tu propia grandeza personal para desplegar Su gloria.

En el fondo de tu ser, tú sabes esto. Cuando eras un niño y alguien te preguntaba: «¿Qué quieres ser cuando seas grande?», tú nunca contestabas: «¡Cuando sea grande, quiero ser un don nadie!». Para nada. Tú decías: «Quiero ser un piloto militar», o: «Quiero ser un elemento de las fuerzas especiales» o alguna otra profesión grande y valiente. Aun como niño, tu nobleza creada por Dios anhelaba cumplirse. Dios mismo puso en tu corazón un sentido de destino.

Entonces, ¿qué sucedió con eso? ¿Cómo un hombre creado para la grandeza ahora se decepciona de su vida? ¿Por qué un hombre como tú, con su estatus dado por Dios, se sentiría agobiado y restringido?

Permíteme decirte algo, en caso de que esto sea lo primero que pienses. No es porque no seas lo suficientemente religioso.

La religión dice: «Hazlo mejor, inténtalo con más fuerza, pedalea más rápido». La religión dice que tienes trabajo por hacer si

---

4 Gerhard von Rad, *Genesis: A Commentary*, trans., John H. Marks (Philadelphia: Westminster, 1961), 60.

esperas volver a tener el favor de Dios. Pero eso no es lo que Dios dice. El mensaje derrotista de la religión que te avergüenza por tu fracaso no es la voz de Dios. Es tu propia conciencia culpable que pretende ser Dios. Y a nadie de verdad le ayuda ser regañado.

¿Qué es de ayuda, entonces? Cuando tu Padre celestial penetra el ruido de quien *no* eres —las mentiras baratas de tu mente, el desastre agotador de tu vida— y te dice Su verdad. Y comienzas a creerla. Comienzas a aceptar tu misión de ser la «imagen» de Su gloria en tu generación.

Y así es como comienzas a tomar tracción para un nuevo tú, cuando te atreves a creer que Dios, tu Rey, te creó con un propósito de grandeza.

Piensa en la gloria de tu masculinidad: la capacidad de tu mente, la gama de tus emociones, el potencial de tu carrera, la belleza de tus relaciones, el misterio de tu sexualidad. Y ¿quiere Dios condensar toda esa maravilla en una pequeña celda en la prisión de la religiosidad monótona? Esa es la locura que niega a Dios y que destruye el futuro que quieres antes de que siquiera tengas una oportunidad.

Hijo mío, esta es la verdad sobre ti. Tu ser fundamental, creado por Dios —el *tú* que eres— no es un problema con el que estás atrapado. En absoluto.

Tu ser creado por Dios es una estrategia
que Él quiere desatar.

Tu humanidad en su totalidad es un *regalo* de tu Padre. Eres un hombre ingeniosamente creado y totalmente equipado, perfecto para tu misión aquí en Su mundo. Hace mucho tiempo,

Dios formó un plan para destruir la maldad y exaltar la libertad. *Tú* eres parte del plan de Dios. ¿Por qué no te das permiso a ti mismo para creerlo?

Si todavía sospechas que trato de reclutarte para más religión, no te culpo. Los pastores podemos ser hipócritas. Ese es mi asunto. Pero tu problema *no* es que debes obsesionarte más con qué tan religioso debes ser. Tu problema es que no estás cautivado con la grandeza del sublime propósito de Dios para ti.

Vas con la corriente en tu deseo de ser un buen chico, como sea, común y corriente. Experimentas algunos altibajos. Tal vez hasta más altos que bajos. Pero ¿cómo es posible que cualquier existencia por encima del promedio pueda satisfacerte? ¡A ti, en quien *Dios* ha colocado un noble llamado!

No es que hayas fallado en vivir tu sueño. Es que tu sueño es demasiado pequeño. Es por eso que a veces odias tu vida, a veces te sientes enojado, malhumorado y frustrado. No de la realeza. No completamente vivo. Tu vida ideal es como el aire. Cuando alguien tiene hambre, no importa cuánto aire inhale. El aire *no puede* satisfacer el hambre. Cuando te conformas con menos que tu verdadera dignidad, eres como un muerto de hambre en un mundo de aire. Tu hambre nunca dejará de comerte vivo mientras sigas intentando comerte el aire de las fraudulentas vanidades de este mundo.

¿De qué modo puede ser diferente? Si trivializas a Dios, de manera inevitable trivializarás tu ser creado por Dios. No te alejes de Aquel que te entiende mejor de lo que tú mismo te entiendes. Te pones en riesgo de perder tu única esperanza de vida.

Tu falta de Dios es lo que explica tu falta de grandeza.

¿De qué otra manera puede explicarse que tú, creado para la excelencia, apenas cumplas con los requisitos de tu trabajo? O, ¿por qué tú, creado para la dignidad, te postrarías ante sitios pornográficos degradantes? O, ¿por qué tú, creado para un buen destino, te conformarías con mera popularidad? O, ¿por qué tú, creado para ser autoridad, no podrías controlar tus propias emociones?

Jesús fue directo al punto: «Todo aquel que hace pecado, esclavo es del pecado» (Juan 8:34). Sabemos que pecar es malo. No obstante, Jesús nos ayuda a admitir a dónde nos lleva el pecado: a la esclavitud. Nosotros los hombres, nacidos para ser reyes, no podemos ni siquiera gobernarnos a nosotros mismos.

En la película clásica *Lawrence of Arabia* [Lawrence de Arabia], Lawrence finalmente llega a tener una honesta conversación con su amigo Ali sobre lo que enfrenta en lo profundo de su ser:

LAWRENCE: He llegado al fin de mí mismo.
ALI: «Un hombre puede ser lo que él quiera». Tú lo dijiste.
LAWRENCE: Lo siento. Pensé que era verdad.
ALI: ¡Tú lo probaste!
LAWRENCE [Abre su camisa y toma la piel de su pecho]: Mira, Ali, mira. *Ese* soy yo. [...] Y no hay nada que pueda *hacer* al respecto.
ALI: «Un hombre puede *hacer* lo que él quiera». Tú lo dijiste.
LAWRENCE: Puede. Pero no puede *querer* lo que él quiera. [Toca su pecho de nuevo] *Esto* es lo que decide lo que quiere.[5]

En este mundo actual, se nos dice que podemos ser exitosos si tomamos buenas decisiones con base en buena información. ¿En serio? ¿Es así de fácil? A veces, nos decimos a nosotros mismos que podemos acercarnos a la línea entre lo bueno y lo malo y jugar allí por un rato, sin cruzarla. Y que podemos en cualquier momento regresar antes de llegar demasiado lejos o de ser descubiertos. Pero ¿no ha probado nuestra propia experiencia que esa es una mentira? ¿Una y otra vez?

---

[5] Robert Bolt, *Lawrence of Arabia*, http://dailyscript.com/scripts/Lawerence_of_Arabia.pdf, part 2, scene 163.

La verdad es que el pecado es tan ineludible como el hambre, tan cómodo como el sueño, tan inevitable como la gravedad y tan letal como el veneno. El pecado se ofrece a sí mismo como una opción, pero se convierte en un amo. ¿Cómo podemos alcanzar nuestra verdadera realeza cuando nuestros impulsos más profundos nos arrastran una y otra vez como esclavos a la resignación, al agotamiento, a la apatía?

La siguiente vez que escuches a un orador durante una graduación universitaria decirles a todos que pueden ser y hacer lo que sea que visualicen en su mente, reflexiona: si eso fuera verdad, ya habríamos encontrado el camino, ¿no crees?[6] La verdadera razón por la que seguimos cayendo de cara es tan seria que exige un lenguaje sencillo. Tú y yo tenemos un problema: la *maldad*.

Vaya, detesto eso. Pero es real. No somos buenos hombres que nos equivocamos aquí y allá. Somos hombres malos que lo demostramos cada día. Lo peor es que este duro veredicto es igualmente cierto para todos: «Por cuanto *todos* pecaron, y están destituidos de la gloria de Dios» (Rom. 3:23, énfasis del autor). Todos somos como Jason Bourne. Intentamos descubrir quiénes somos. Pero, mientras más descubrimos, menos nos gusta lo que encontramos.

Piénsalo de esta manera. Si la maldad fuera el color amarillo, como las cintas policíacas en la escena del crimen, entonces todo de nosotros, todo el tiempo, a todos los niveles, mostraría algún tono de amarillo. Incluso nuestros «buenos momentos» brillan de amarillo, lejos del fulgor que Dios creó para nosotros.

El magnífico autor G. K. Chesterton respondió una pregunta crucial: «¿Qué está mal con nuestro mundo». «Yo», fue

---

6 David Brooks, *The Second Mountain: The Quest for a Moral Life* (New York: Random House, 2019), 14: «Entregamos [estas palabras] como grandes y maravillosos regalos. Y resulta ser que estos regalos son grandes cajas llenas de nada».

su respuesta.⁷ Todos necesitamos escucharlo así de directo. Así podemos dejar de creer en nuestros propios parches temporales. Como cuando le decimos a Dios: «Bien, Señor, voy a cambiar. Y esta vez lo digo en serio. Voy a *demostrarte* qué tan en serio lo digo». Y sí intentamos. Pero no podemos hacer que dure. En poco tiempo nos encontramos en el mismo desastre de siempre. ¿Por qué? Porque somos una mezcla complicada de dos opuestos:

Somos de la *realeza*, pero somos *malos*.

Sí, es así de grave. Eso es contra lo que nos enfrentamos, una batalla en nuestro interior. Pero, aun así, todo el corazón de Dios está a *nuestro favor*. Me encanta cómo lo dijo Dietrich Bonhoeffer:

Eres un pecador, un gran y desesperado pecador; ven ahora, como el pecador que eres, al Dios que te ama. Él te quiere como eres; Él no quiere nada de ti, ni un sacrificio ni una obra; Él te quiere solo a ti.

Nada te puede esconder de Dios. La máscara que llevas delante de los hombres no te hará ningún bien frente a Él. Él te quiere ver como eres y quiere darte gracia. No tienes que continuar mintiendo a ti mismo ni a tus hermanos, como si no tuvieras pecado; puedes atreverte a ser un pecador.⁸

¿De qué sirven algunos parches aquí y allá, con una mejor conducta y modales, cuando la maldad vive dentro de nosotros,

---

7 «What's Wrong with the World?», The Apostolate of Common Sense, April 29, 2012, https://www.chesterton.org/wrong-with-world/.
8 Dietrich Bonhoeffer, *Life Together* (New York: Harper, 1954), 111.

como un intruso mugriento en un palacio que alguna vez fue grandioso? Pero puedes «atreverte a ser un pecador», porque Dios puede recrearte a Su imagen de nuevo.

Así es como enfrentamos nuestra extrema necesidad: si nos damos cuenta de que Dios mismo ya la enfrentó.

Un niño africano le preguntó a su madre: «¿Qué hace Dios durante todo el día?». La sabia respuesta de su madre fue: «Dios pasa el día arreglando cosas destruidas».[9] ¿En qué más podría trabajar? Él se especializa en convertir casos imposibles en éxitos sorprendentes. Pero no a través de una visión religiosa que dice: *Hazlo mejor, esfuérzate más.* Dios lo hace a través de Jesucristo, quien ahora entra en escena como el personaje principal.

Jesús renueva nuestra realeza.

Cuando todo estaba en juego para nosotros, con nuestra dignidad herida más allá de cualquier esperanza por nuestra locura, Dios simplemente cambió el tema. Él lo movió de nosotros y nuestra vergüenza hacia Jesús y Su gracia. No Jesús como un ejemplo inspirador a seguir, sino Jesús como el mejor yo que nunca pudimos ser. Nuestro Rey vivió por nosotros la vida de realeza que debimos haber vivido y murió por nosotros la muerte vergonzosa que debimos haber muerto.

Este magnífico Hombre, «la imagen del Dios invisible» (Col. 1:15), la «imagen misma» de la naturaleza de Dios (Heb. 1:3), vino y no le dimos la bienvenida a nuestro mundo en una alfombra roja. Lo culpamos por nuestra miseria y lo humillamos en la cruz.

---

[9] Richard H. Schmidt, *Glorious Companions: Five Centuries of Anglican Spirituality* (Grand Rapids, MI: Eerdmans, 2002), 320.

El punto de la crucifixión no solo era asesinar a un hombre, sino además despreciarlo mientras era asesinado. Nunca más que en la muerte de Jesús. La desnudez, las burlas, los escupitajos, junto con la corona de espinas y el manto de escarlata, todo esto fue la humillante «inversión de Su reinado».[10] La cruz fue como los linchamientos en el sur de Estados Unidos en el pasado: la furia del blanco derramada sobre un chivo expiatorio.[11] Jesús conoce la vergüenza.

Sin embargo, la cruz fue aún más. Increíblemente, la cruz fue donde Dios comenzó a doblegar nuestra maldad, a restaurarnos. Pensábamos que nos deshacíamos de Jesús, pero Dios se aseguró de que nos recuperáramos a nosotros mismos. En la cruz, nosotros le demostramos a Dios lo malvados que somos, pero Dios nos demostró lo bueno que es con nosotros. En la historia de C. S. Lewis, *El sobrino del mago*, Aslan el León (la figura de Cristo), hace esta promesa sobre nuestra maldad: «Me encargaré de que lo peor recaiga sobre mi persona».[12]

En la cruz, Dios no echó nuestra maldad bajo la alfombra, sino que la expuso y pagó por ella. El amor de Dios no es un compromiso barato de Su parte. Su perdón es un noble perdón. Por eso, cuando *Dios* te lava de tus pecados en la sangre de Cristo, puedes permitirte *sentirte* perdonado. Sentirse renovado es la respuesta *correcta* a la cruz. Dios *quiere* para ti libertad. La cruz fue el precio que Él estuvo dispuesto a pagar. Puedes aceptar Su gracia con una conciencia tranquila.

---

10 Fleming Rutledge, *The Crucifixion: Understanding the Death of Jesus Christ* (Grand Rapids, MI: Eerdmans, 2015), 96.
11 William Edgar, «Justification and Violence», in K. Scott Oliphant, editor, *Justified in Christ: God's Plan for us in Justification* (Fearn: Mentor, 2007), 132-136.
12 C. S. Lewis, *Las crónicas de Narnia: El sobrino del mago*, trad., Gemma Gallart (Barcelona, 2005), 186.

Tal vez, cuando miras tu desastre piensas: «Si Él tuviera aunque sea una gota de respeto propio, me despreciaría. Él *no* estaría mal en despreciarme». Pero esos pensamientos de desesperanza te impiden acercarte a Dios. Castigarte a ti mismo no te hace más perdonable. En cambio, bloquea tu camino hacia el perdón. Él te *invita* a salir de tu escondite y a levantarte erguido de nuevo. Él no está en guerra contra ti. ¿Por qué? ¿Porque no eres tan malo en realidad? No. Porque en un momento indescriptible de dolorosa expiación en la cruz, la energía oscura de tu maldad perdió para siempre su supremacía.

¿De verdad crees que, después de la cruz, tu vergüenza aleja a Dios? No. Tu vergüenza es precisamente donde Él puede recrearte de manera más gloriosa. ¿Crees que eres desagradable para Él? Otra vez, estás equivocado. Las peores cosas de ti son en las que Él te ama con más ternura. Dios da la *bienvenida* a hombres de alto mantenimiento que regresan a Él por más misericordia y más misericordia y más misericordia, múltiples veces al día. Él no se cansa, y Él no se cansa de *ti*.

Él demostró Su compromiso hace mucho tiempo. En la cruz.

Así que, ahora sabes por qué puedes recuperar de nuevo tu gloria. No porque tengas lo que se requiere, sino porque Él sí lo tiene. No porque no te hayas dañado a ti mismo gravemente, sino porque Jesús restaura tu dignidad de manera decisiva, al «llevar muchos hijos a la gloria» (Heb. 2:10). Tu maldad no puede tener la última palabra en ti, una vez que se la has entregado a Él.

Él es la razón por la que tengo tantas esperanzas en ti y en otros varones como tú.

Él no está enojado, no está retraído, no te retiene nada. Él ha dejado la piel en este juego, literalmente. Él invierte personalmente en verte florecer de nuevo hacia tu realeza completa.

Cuando vienes a Él por el perdón que no mereces y la recreación que no puedes causar, ¿cómo responde Él? Él está feliz de darte lo mejor de Su realeza. No te preocupes con pensar que pudiera cambiar de parecer después si te equivocas otra vez, y otra vez. El Jesús verdadero con el que estás tratando solo conoce una manera de amar, *Su* manera. Eso no solo significa gracia, sino también «gracia sobre gracia» (Juan 1:16) —gracia infinita. Es Su exuberante amor por ti, no tu débil amor por Él, lo que te levantará y te llevará hasta tu corona eterna (1 Cor. 15:49).

Conclusión: «Si alguno está en Cristo, *nueva criatura* es; las cosas viejas pasaron; he aquí todas son hechas nuevas» (2 Cor. 5:17, énfasis del autor).

Hijo mío, regresa a tu realeza.

Esta es la razón por la que puedes hacerlo: «Él está a tu favor, no en tu contra por tu pecado».[13] No trates de entenderlo. Su gran corazón no tiene sentido para nuestro diminuto cerebro. Pero esto es lo grandioso de tocar fondo. En ese momento, lo único que podemos hacer es recibir Su gracia.

Tu verdadera realeza es tu destino certero, ¿por qué no apuntarse? De todos modos, todo cuanto puedes perder es lo que ya odias de tu vida. Así que, aquí está una sencilla oración que *cualquiera* puede hacer: «Señor Jesús, lo que necesito es un nuevo yo. ¿Por favor? Estoy listo ahora».

Bueno, eso es suficiente para una carta. Terminaré con pedirte que tomes dos pasos decisivos ahora mismo.

---

[13] Dane Ortlund, *Gentle and Lowly: The Heart of Christ for Sinners and Sufferers* (Wheaton, IL: Crossway, 2020), 71.

Uno, acepta que Jesús consideró que valía la pena luchar por ti. Tú no tienes que limpiarte primero. Él te restaurará como un guerrero en Su reino por quién *Él* es. Me encanta cómo lo dijo este pastor luterano:

> Fuimos justificados gratuitamente, gracias a Jesucristo, por fe, sin ejercer nuestra propia fuerza, ganar méritos ni hacer obras. A la pregunta milenaria: «¿Qué debo hacer para ser salvo?», la respuesta cristiana es asombrosa: «¡Nada! Solo quédate quieto. ¡Cállate y escucha de una vez por todas lo que el Dios Todopoderoso, el Creador y Redentor, le dice a este mundo y a ti en la muerte y la resurrección de Su Hijo! ¡Escucha y cree!».[14]

Dos, prepárate para la batalla. Como una nueva creación de la imagen de Dios, escucharás Su llamado para participar en muchas batallas en tu generación. Y esta es una causa que *realmente* importa para Él y que *realmente* importa para ti en tu propia experiencia: la opresión malvada de la pornografía. Tu Rey te está llamando, no solo a dejar de mirar pornografía, sino también a comenzar a hacer retroceder la industria que la crea. Él te llama a levantarte firme como un varón liberado que libera a otros.

Mis otras cartas explicarán más a detalle lo que tú, y otros varones contigo, pueden hacer para servir en Su causa de «publicar libertad a los cautivos» (Isa. 61:1).

Tal vez, recuerdas la escena de la película *Braveheart* [Corazón valiente]. William Wallace, montado en un caballo, acaba de llamar a su banda desorganizada de soldados escoceses a luchar por su libertad. El enorme ejercito inglés está en el lado opuesto

---

14 Gerhard O. Forde, *Justification by Faith: A Matter of Death and Life* (Philadelphia, Fortress, 1982), 22.

del campo de batalla. Wallace está con dos amigos, enfrente del ejército. El diálogo sucede así:

> Amigo irlandés: Buen discurso. Ahora, ¿qué hacemos?
> Wallace: Solo deben ser ustedes mismos. [Se voltea para irse].
> Amigo escocés: ¿A dónde vas?
> Wallace: Voy a buscar una pelea. [Se voltea a galope hacia el enemigo].
> Amigo escocés: Bueno, no nos vestimos por nada.

Tampoco tú te «vestiste por nada». Jesús está buscando una pelea contra el mundo de la pornografía y te ha reclutado para luchar a Su lado. No será fácil. Pero la dignidad humana será la causa victoriosa porque Él está a su favor. Si pudiera, de alguna manera, hablar a tu generación entera, esta es la pregunta que les haría:

> ¿Dónde están los jóvenes de esta generación que consideran sus vidas como sin valor y que serán fieles hasta la muerte? ¿Dónde están los aventureros, los exploradores, los bucaneros de Dios, que consideran una sola alma humana de mucho mayor valor que el surgimiento o la caída de un imperio? ¿Dónde están los varones de Dios en este, el día del poder de Dios?[15]

Porque importas,
Ray

---

15 Howard W. Guinness, *Sacrifice* (Chicago, InterVarsity Press, 1947), 59-60.

Capítulo 2

Ella es de la realeza

QUERIDO HIJO:

Ella también importa. Ella importa más de lo que crees. Esa chica, esa mujer, en el sitio pornográfico, no es solo pixeles en una pantalla. Es real. En algún lugar, ahora mismo, está allá afuera intentando sobrevivir. Apostaría cualquier cantidad a que ella no se dio de manera voluntaria a la pornografía. Más bien fue degradada y abusada hasta llegar allí. Y esa preciosa mujer tiene esperanzas, sentimientos, anhelos y tristezas iguales a las tuyas. Ella es tan humana como tú, tan valiosa como tú, tan de la realeza como tú.

En esta carta, tengo algunas cosas duras que decir. Pero a esto voy: te pido que cambies la manera como ves a esa mujer en el sitio pornográfico. No te pido que inventes nada. Solo te pido que aceptes la manera como Dios la ve. Él está de su lado. Él se indigna con las maneras como es cosificada, monetizada y maltratada.

Eso me lleva a pedirte algo más. También te pido que cambies la manera en que la tratas. Quiero que dejes de abusar de ella y que comiences a defenderla. Es una cosa u otra. Hablaremos más sobre eso en un minuto. Por ahora, detén tus emociones y dame la oportunidad de exponer mi caso.

El Rey del universo te creó para que te levantes como realeza, para que hagas avanzar Su reino. Deja que saber eso penetre en ti. Este es el siguiente paso: ella también es de la realeza. Dios creó a *cada* mujer con una gran dignidad y un valor inconmensurables. Ya sea que ella misma lo crea o no, sigue siendo verdad: Dios la creó para la majestad. *Dios* es la razón de su valor. Y nadie tiene el derecho de degradarla porque Dios es quien le dio dignidad. Ella tiene el valor que toda mujer tiene a Sus ojos.

Y, para Dios en lo alto, cada mujer es majestuosa, amada, valiosa; ya es hora de que los varones exijamos de nosotros mismos y del resto del mundo que se las trate como es correcto.

Pensemos de vuelta en ese pasaje que cité en mi primera carta. ¿Recuerdas la última línea de ese versículo?

Creó Dios al hombre a su imagen,
 a imagen de Dios lo creó;
 varón y hembra los creó (Gén. 1:27, énfasis del autor).

En los tiempos cuando se escribió la Biblia, nadie decía eso. El pensamiento humano no evolucionaba hacia arriba ni se acercaba cada vez más hacia la igualdad en la realeza de los sexos. No es como si los antiguos filósofos y los gurús llevaron la bola hasta la zona roja y luego la Biblia finalmente anotó el *touchdown*. No, Génesis 1:27 sorprendió a todo el mundo. Fue la voz de Dios que declaraba con valor a este mundo abusivo: una mujer merece todo el respeto que merece un hombre porque ella es creada a la imagen de Dios igual que el varón.

En el mundo antiguo, las personas inventaban todo tipo de versiones para explicar cómo llegamos aquí. Los babilonios, por ejemplo, creían que la raza humana venía de una lluvia de ideas del dios Marduk:

> Uniré sangre con sangre y crearé así huesos.
> Estableceré a un salvaje: se le llamará «varón».
> En verdad, crearé al varón salvaje.[1]

Los babilonios se veían a sí mismos como salvajes, y así actuaban. Su historia de la creación ni siquiera mencionaba «varón y hembra». Pero la Biblia celebra «varón y hembra». En Génesis 1:27 se encuentra la primera poesía de la Biblia, porque Dios se regocija en nosotros como hombres y mujeres. Él no nos llama salvajes. Él con alegría nos llama realeza, igual a hombres que a mujeres.

Pero no hay mujer como Eva en la narración babilónica de la creación. ¡La primera mujer en toda la historia ni siquiera cuenta con una mención honorífica! Pero ¿y la Biblia? El corazón de Adán salta de un gozoso amor a primera vista:

> Dijo entonces Adán: Esto es ahora hueso de mis huesos y carne de mi carne; ésta será llamada Varona, porque del varón fue tomada (Gén. 2:23).

Estas son las primeras palabras humanas que se registran y, de nuevo, son poesía. Adán da la bienvenida a Eva con alivio: «Esto es *ahora* [al fin]...». Él se identifica con ella de manera personal, cercana, como «hueso de mis huesos y carne de mi carne». Él no se siente amenazado por su igualdad. Es eso precisamente lo que lo emociona.

---

1 «The Creation Epic», trans. E. A. Speiser, in James B. Pritchard, ed., *Ancient Near Eastern Texts Relating to the Old Testament* (Princeton, NJ: Princeton University Press, 1969), 68.

Él acaba de nombrar a los animales en el Huerto en Edén (vv. 19-20). Y los leones y los tigres tienen su lugar, supongo yo. Pero solo Eva tiene el corazón de Adán. Ella no es una propiedad. No es un botín de guerra. Ni siquiera, no todavía al menos, es la madre de sus hijos. En ella misma, por sí misma, por el diseño de Dios, ella es digna de celebración. Y Adán la *ama* así y la abraza. Llamamos a este increíble acuerdo humano «matrimonio». Es el único lugar donde un hombre y una mujer deben experimentarse sexualmente el uno al otro. Es donde el sexo se convierte en ese lugar donde ambos ganan, tal como Dios quiere que sea: «Y estaban ambos desnudos, Adán y su mujer, y no se avergonzaban» (Gén. 2:25). Allí estaban, Adán y Eva, casados por Dios, juntos en el Huerto en Edén, desnudos y sexuales y ambos completamente felices. Y en ese lugar de pertenencia permanente y de amorosa aceptación, la mujer no es la única desnuda y vulnerable. Ella no es explotada ni compartida ni vendida. Estaban *ambos* desnudos y no se avergonzaban ni se degradaban ni se utilizaban, sino que se encontraban cómodamente relajados, completamente aceptados y tiernamente abrazados.[2]

Un hombre y una mujer aún pueden experimentar esto hoy, bajo la bendición de Dios, dentro del matrimonio. A través de los votos matrimoniales, ellos abandonan sus futuros individuales y se comprometen por completo el uno con el otro. En su boda, ellos entran al círculo de la unión de «una sola carne» del matrimonio (Gén. 2:24), donde lo comparten todo.

Todo.

---

[2] Este recurso retórico («no se avergonzaban») se llama *antenantiosis* y utiliza lo negativo «para expresar lo positivo en un grado superlativo», de acuerdo con F. W. Bullinger, *Figures of Speech Used in the Bible* (Grand Rapids, MI: Baker, 1971), 160. Por ejemplo, si yo digo: «No es tonto», quiero decir: «Es sabio». Le agradezco al Dr. Bruce Waltke por señalarme esto.

Otras relaciones sanas tienen límites en cuanto a lo que pueden llegar. Lo único del matrimonio es la apertura ilimitada a la que gozosamente se comprometen un hombre y una mujer. Por eso el matrimonio se sella, se celebra y se refresca con el sexo. El matrimonio se trata de compartirlo todo, de pertenecer totalmente, como el sexo verdadero. Dentro de este círculo donde solo pertenecen por completo un esposo y una esposa, se cultiva la seguridad y el honor, de tal manera que el sexo es abiertamente deleitoso para ambos en la misma medida. Cuando el ministro concluye la ceremonia de bodas con las palabras: «Puede besar a la novia», lo que está diciendo es: «¡Que comience finalmente el sexo como Dios lo planeó!». ¿Siguen estando vulnerables el hombre y la mujer? Más que nunca. Pero, por esa razón precisamente, su intimidad es mayormente asombrosa.

Ahora, adelantémonos al final de la Biblia, donde vemos el objetivo definitivo de todo esto. El Jesús resucitado no simplemente mejorará la existencia en la que ahora estamos atrapados. Él nos levantará hacia «un cielo nuevo y una tierra nueva», donde «[reinaremos] por los siglos de los siglos» (Apoc. 21:1; 22:5). En ese nuevo universo resplandeciente, cada mujer redimida se levantará en gloria como una Reina de la Nueva Creación. Sin importar cómo ha pecado en este mundo, sin importar cómo se ha pecado en su contra, ella estará *radiante en su realeza por siempre y para siempre.*

En mi mente, puedo verla ahora mismo. Ella está allí como la Dama Galadriel, reina de los elfos en *El señor de los anillos*. En la mente de Tolkien, Galadriel tiene una imponente belleza, conocimiento y poder. Ella habla con sobriedad, sabiduría y cortesía. Ella es fuerte, justa y valiente. Cuando la Comunidad del anillo debe dejar Lothlórien, Galadriel le pregunta a Gimli el Enano qué regalo de despedida le gustaría recibir de ella:

—Ninguno, Señora —respondió Gimli—. Es suficiente para mí haber visto a la Dama de los Galadrim, y haber oído tan gentiles palabras.

Galadriel se sorprende por su humildad, así que lo anima a pedir algo, para no ser el único visitante en marcharse sin una prueba de su solidaridad:

—No deseo nada, Dama Galadriel —dijo Gimli inclinándose y balbuceando—. Nada, a menos que… a menos que se me permita pedir, qué digo, nombrar uno solo de vuestros cabellos, que supera al oro de la tierra así como las estrellas superan a las gemas de las minas. No pido ese regalo, pero ordenasteis que nombrara mi deseo.

Los elfos se sorprenden por esta petición audaz. Pero Galadriel sonríe en aprobación;

—Nadie me ha hecho nunca un pedido tan audaz y sin embargo tan cortés. ¿Y cómo podría rehusarme si yo misma le ordené que hablara? Pero dime, ¿qué harás con un regalo semejante?

—Atesorarlo, Señora —respondió Gimli— […]. Y si vuelvo alguna vez a las forjas de mi país, lo guardaré en un cristal imperecedero como tesoro de mi casa y como prenda de buena voluntad entre la Montaña y el Bosque hasta el fin de los días.

La Dama se soltó entonces una de las largas trenzas, cortó tres cabellos dorados, y los puso en la mano de Gimli.[3]

---

[3] J. R. R. Tolkien, *El señor de los anillos: La comunidad del anillo,* trad. Luis Domènech, (México, 2003), 505-506.

Nuestro mundo actual está ciego a las glorias de la verdadera masculinidad y de la verdadera feminidad. Pero la Biblia nos enseña a los varones a respetar a cada mujer como una Galadriel en potencia, cuya gloria puede, por la gracia de Dios, dejarnos maravillados por la eternidad.

La industria de la pornografía por supuesto que no nos enseña a ver a las mujeres así. Ese mundo vil está ciego a la gloria verdadera de una mujer. Pero nosotros sabemos, gracias a la Biblia, que cada mujer fue creada con un destino tan magnífico que su historia no podría ser narrada por completo si uno se tomara todas las edades del tiempo para hacerlo. El corazón de Dios por ella, el propósito de Dios para ella, solo puede ser revelado en la Nueva Creación eterna. Todo este mundo, aun en su mejor momento, es demasiado pequeño para ella, demasiado indigno para ella. Y cada mujer, sin importar cuánto sufra en este mundo, si confía su futuro al cuidado del Rey resucitado, tendrá su historia verdadera narrada por Él en el siguiente mundo para siempre.

Lo que dijo C. S. Lewis de todos no es menos cierto de cada mujer:

> Es algo serio vivir en una sociedad de posibles dioses y diosas, recordar que la persona más aburrida y menos interesante que conoces podría un día ser, ya sea una criatura que, si la vieras ahora, te verías tentado a adorar, o un horror y corrupción tales que solo se pueden concebir en una pesadilla. Y todos los días, en alguna medida, nos ayudamos mutuamente a llegar a uno de estos dos destinos. Es a la luz de estas abrumadoras posibilidades, es con este asombro y circunspección propias de esta posibilidad, que debemos conducirnos en todos nuestros tratos con otros, en todas nuestras amistades, en todos nuestros

amores, en todo juego, en toda política. No existen las personas *ordinarias*.⁴

Para este momento, hijo mío, estoy imaginando que te estás dando cuenta de algo: que la sexualidad de cada mujer es un don sagrado de Dios. ¿Recuerdas cómo Jesús nos enseñó?

> Oísteis que fue dicho: No cometerás adulterio. Pero yo os digo que cualquiera que mira a una mujer para codiciarla, ya adulteró con ella en su corazón (Mat. 5:27-28).

Para Jesús, aun si no estamos literalmente tocando, estamos tomando. Y Jesús nos dice que esta es una violación de lo sagrado. Mi amigo Sam Allberry nos ayuda a enfrentar la seriedad de nuestros pensamientos sexualizados sobre toda mujer con la que no estamos casados:

> Jesús dice que su sexualidad es preciosa y valiosa, que ella tiene una integridad sexual que importa y que debe ser honrada por todos los demás. *Él dice que esta integridad sexual es tan preciosa que no debe ser violada, ni siquiera en la privacidad de la mente de alguien más.* Incluso si ella nunca fuera a descubrirlo, se habría hecho un gran mal en su contra por pensar en ella con lujuria [...]. Jesús nos muestra que nuestra sexualidad es mucho más valiosa de lo que podríamos imaginar y esta enseñanza Suya es de hecho una manera de protegerla.⁵

---

4 C. S. Lewis, *The Weight of Glory and Other Addresses* (Grand Rapids, MI: Eerdmans, 1974), 14-15. Italics original.
5 Sam Allberry, *Why Does God Care Who I Sleep With?* (Epsom, Surrey: Good Book, 2020), 18. Italics original.

Muy bien, ahora estamos listos para entender qué es la pornografía en realidad. La pornografía es cuando Satanás nos recluta para degradar a una mujer a lo *opuesto* de quien ella es: de realeza a esclavitud.

Satanás *odia* a las mujeres. Recuerda, fue una mujer quien trajo a Jesús a este mundo y, así, su reino malvado quedó para siempre condenado. Satanás no puede poner sus manos en Jesús resucitado, pero él sí puede atormentar mujeres. Y lo hace. La pornografía es Satanás —sí, *Satanás*— en el acto de asaltar mujeres, negar su gloria, abatirlas, porque le recuerdan cada día al Rey verdadero a quien odia y teme.

Quiero hacer esto tan real como pueda. Así que, permíteme platicarte sobre una valiente amiga mía. Su nombre es Tara.[6] Ella es real. Su historia es verdadera. Con su permiso, aquí están algunas de las cosas que ella reveló con valentía durante una conversación reciente conmigo:

Mi primer recuerdo en la vida es de cuando tenía cuatro años y estaba siendo agredida sexualmente en un baño. Para cuando tenía dieciocho años, había sido lastimada por ocho personas en muchas ocasiones. No recuerdo un tiempo en mi vida cuando no me hallara dolida.

Cuando me traficaron, no fui secuestrada con violencia. El hombre fue amable conmigo. Sus palabras fueron: «Debes hacer estas cosas por mí porque yo cuido de ti». Nadie nunca había cuidado de mí. ¿Por qué no debería estar agradecida?

Él me puso a trabajar en algunos burdeles de su propiedad, donde fui abusada. Él me filmó sin que yo lo supiera. La

---

6 Tara es su nombre real. Ella me pidió que utilizara su nombre real porque ella es una persona real con una identidad real. Demasiadas veces en el pasado le fueron quitadas su personalidad y su identidad.

REINTRODUCCIÓN DE LOS PERSONAJES

primera vez, me pregunté: «¿Cómo sobreviviré a esto?». De alguna manera, sobreviví. Entonces vi la cámara. No me enojé por esto. ¿Por qué habría de hacerlo? Esos sentimientos habrían requerido de mí ser humana, y yo no era humana. No pensaba en mí misma como un ser humano digno de un buen trato. Nadie nunca me vio con potencial ni valor. Nadie nunca me vio como persona en absoluto.

Algunas cosas de mi pasado son difíciles de recordar porque tuve que desconectarme de mi cuerpo, mente y corazón solo para sobrevivir. No tenía el lujo de sentir. No tenía el lujo de ser humana. Nadie jamás me preguntó qué quería ser cuando creciera. No sabía que hubiera opciones. Para mí, no había opciones. Así que tuve que colaborar con mi propia esclavitud. ¿Qué otra elección tenía? ¿La esperanza de una mejor vida? La esperanza era solo otro lujo que no podía permitirme.

Precisamente las cosas que los hombres querían ver de mí me parecían horribles. Me odiaba a mí misma. Aún me odio a mí misma. Todavía lucho con la vergüenza todos los días.

Años más tarde, después de que mi esposo me dejara, una vecina me habló de Jesús. Hablamos por horas. Le dije que Jesús no querría nada que ver conmigo. Estaba segura de eso. ¿Cómo podría? Nadie me quiso jamás, excepto para tener sexo. No merecía tener una vida. Pensé con calma y de forma realista que ayudaría a mis hijos a finalizar la preparatoria y luego terminaría con mi vida. Ya no tendría motivación alguna. ¿Por qué no? Algunas personas estaban destinadas a vivir y yo no era una de ellas. Pero, a través de la oración y de un ejército de amigos que Dios puso a mi alrededor, comencé a darme cuenta de que Jesús nunca me abandonó. Él estuvo allí conmigo todo el tiempo. Él lloró conmigo. Él lloró *por* mí. Ahora, Él me restaura. Mi vida ahora es lo opuesto a lo que podría ser por mi pasado. Ese pasado no es quien yo soy. No soy definida por lo que ellos me hicieron; soy definida por lo que Él hizo *por* mí.

Tara está descubriendo su verdadera realeza en Cristo. No todas las mujeres tienen esa ventaja. Pero toda mujer debería tenerla.

Algunas mujeres nunca salen de esa prisión. Yo soy una de las afortunadas. Debería estar muerta para ahora. Debería ser una estadística. Pero Jesús me salvó.

Eventualmente, obtuve un trabajo en un ministerio cristiano. Mi jefe y su esposa me dieron la oportunidad. Trabajé duro y aprendí y me fue bien, así que me ascendieron. Ellos fueron los primeros en decirme que yo tenía valor. Mi jefe luego ingresó a un ministerio más grande con líderes increíbles y yo fui a este nuevo trabajo. Hemos trabajado juntos por siete años ahora. Finalmente, pude tener, no solo la consejería que necesitaba, sino también el compañerismo amoroso de personas que creen en mí. Una familia. Gracias a estos maravillosos siervos de Dios, finalmente tengo libertad.

También me volví a casar. Mi esposo sabe todo. Y él me trata como un tesoro invaluable. Sigo imaginando: *¿Cuándo se dará cuenta de que no merezco su amor?* Pero él me dice todo el tiempo: «Quiero pasar cada día por el resto de mi vida en mostrarte cuánto te ama Jesús». Y lo hace. Nunca había visto antes a un hombre tratar a una mujer como si fuera de la realeza. Es ridículamente asombroso.

Lo admito: a veces, quiero huir de él. El dolor es algo familiar. Estoy habituada a eso. Sé qué esperar. Ser amada y valorada es asombroso, pero a veces me confunde.

REINTRODUCCIÓN DE LOS PERSONAJES

Le pregunté a Tara: «¿Qué te gustaría que les dijera a varones que miran pornografía?». Aquí está su respuesta:

¿Qué tal si fuera tu hermana? Las mujeres en la industria del sexo no solo tienen una cara y un cuerpo. También tienen un alma. Tienen un nombre. Ninguna mujer dice mientras crece: «Espero pasar mi vida siendo abusada». Pero cada mujer involucrada en la pornografía ha sido traficada. Traficar es simplemente sacar ganancia monetaria del acto sexual de alguien más. Eso aplica a *toda* mujer involucrada en pornografía. *Todo* es forzado. Cada mujer está bajo coerción. Cada mujer preferiría estar en otro lugar.

Si quieres saber cómo se siente, siéntate en un clóset oscuro durante cinco minutos y mira cómo se siente. Luego, imagina estar allí durante años y años.

Para un hombre, es un momento rápido de gratificación sexual y luego continúa su camino. Pero, para la mujer, los efectos *de ese único momento de egoísmo sexual* pueden durar el resto de su vida. Cada momento de pornografía deja atrás a una mujer quebrantada, sentada en un clóset oscuro, que levanta su mano y dice: «Sigo aquí. Soy un ser humano. Tengo sentimientos. Tengo un corazón. Tengo un nombre».

Los varones deben saber que somos reales. Nosotras no queremos escondernos más. Queremos salir de ese clóset.

Agradezco a mi heroica amiga por recorrer la cortina y mostrar lo que en verdad sucede detrás de las apariencias juguetonas.

Ahora, enfrentemos la verdad. La pornografía en línea es el varón poniéndose del lado de Satanás. (También las mujeres miran pornografía, pero esto es entre tú y yo). En la pornografía, el varón le dice a la mujer en la pantalla, esa Galadriel en potencia:

«No me importas. No me importa tu historia personal que te llevó hasta este horrible sitio pornográfico. No me importa qué sucederá contigo una vez que termines de grabar, cómo te arrastrarás hasta tu departamento y te emborracharás para dejar de sentir el dolor. No me importa lo que enfrentarás mañana, un simple día más en este tormento. No *quiero* saber lo que estás sufriendo. Ni siquiera quiero saber tu nombre. *Tú* no importas. Todo lo que importa aquí soy *yo*. Y no el "yo de la realeza" que Dios creó, sino el yo depredador, el yo que se masturba, el yo que quiere satisfacer su necesidad momentánea, el yo egoísta a quien Satanás le está robando la vida, así como yo robo la tuya. Así que, sea quien seas en la pantalla, pronto daré clic hacia otra víctima, pero tú mantén la actuación, ¿de acuerdo? Sigue sonriendo mientras abusan de ti. Sigue haciéndolo mientras yo me masturbo y me masturbo y me masturbo, porque de todos modos, *nada importa ni de mí ni de ti*».

La palabra para esa mentalidad malvada es *desesperanza*. Dorothy Sayers la llama «el pecado que cree en nada, que le importa nada, que busca conocer nada, que interfiere con nada, que disfruta nada, que ama nada, que odia nada, que encuentra su propósito en nada, que vive por nada y que se mantiene vivo solo porque no vale la pena morir por nada. Lo hemos conocido demasiado bien durante muchos años. Lo único que tal vez no sabemos de él es que es un pecado mortal».[7] Y un «pecado mortal» es un pecado tan malo que, si no nos arrepentimos, nos condenará al infierno eterno. La prueba de eso es cómo vuelve este mundo en un infierno ahora mismo.

Por ejemplo, un prominente sitio pornográfico fue expuesto por sacar ganancias de videos de violación, abuso, sadismo,

---

[7] Dorothy L. Sayers, *Letters to a Diminished Church: Passionate Arguments for the Relevance of Christian Doctrine* (Nashville, W Publishing Group, 2004), 98.

tortura, racismo y trata de personas, subidos por los usuarios. No hay quién pida cuentas. No hay justicia. No hay humanidad. Y, cuando ingresas a un sitio así, ¿te das cuenta de lo que haces? Estás entrando en una habitación grande, semioscura, con muchas camas y sofás y espacio en el suelo. Esta habitación está llena de depredadores sexuales de muchos tipos y de mujeres y de niños atormentados. Las víctimas que parecen divertirse lo están fingiendo, porque serán castigadas si no actúan cuando se les ordena. Y tú estás allí parado en la puerta buscando una opción «decente» para disfrutar porque eres un buen chico y no te involucras en las cosas realmente malas. *Ese* es quien eres. *Eso* es lo que estás haciendo —cuando *deberías* encender la luz, rescatar a las víctimas y llamar a la policía.

Cada jovencita en ese horrible lugar es importante para Dios en el cielo. Si ella no te importa a ti, entonces no solo te has puesto contra ella; peor aún, te has puesto del lado de Satanás y en contra de Dios.

Pero Dios, en Su misericordia, te llama a dar un cambio radical. Comienza con ser honesto contigo mismo sobre lo que ha estado sucediendo y a quién has estado apoyando.

Comenzarás a sentirte libre cuando
comiences a ser honesto.

A nadie le ayuda utilizar palabras suaves e hipócritas como: «Hoy me tropecé». Ni palabras pasivas como: «Me sucedió esto». Todo varón que quiere recuperar su libertad debe comenzar a utilizar las palabras que en verdad describen la pornografía. Si estás mirando, lo estás haciendo.

Entonces, ¿qué tal esto para una honestidad del siguiente nivel? Si miras pornografía, sé lo suficientemente honesto como para decirle a Dios: «Hoy me entretuve con explotación sexual», o: «Hoy me uní para abusar a una mujer», o: «Hoy miré, por placer, su degradación».

¿Piensas que voy demasiado lejos? No, no voy demasiado lejos. Mira de nuevo lo que dijo Jesús:

> Cualquiera que mira a una mujer para codiciarla, ya adulteró con ella en su corazón.

¿Qué dice Él? *Mirar es moralmente equivalente a hacer.* Sí, los actos externos también importan, a los ojos de la ley. Pero, para Jesús, la intención es igual de seria. Él valora a ese nivel a cada mujer. Y, a medida que comencemos a ver las cosas a Su manera, por aterrador que sea, comenzaremos a ser libres. Y el mundo entero comenzará a ser mejor.

Te he escrito sobre tu gloria y la gloria de ella. Y pienso que es suficiente para esta carta. Así, para terminar, te pediré que aceptes este pensamiento crucial: *Cada relación se parece a Cristo o a un depredador.* No hay neutralidad. Pero *sí* puedes ser como Cristo, en corazón y comportamiento, hacia cada mujer sobre la faz de la tierra.

Hacia allá es a donde vamos ahora. Pero, permíteme alertarte. A medida que experimentes tu realeza, y la de ella, la diferencia puede sorprenderte. Uno de mis héroes, el obispo anglicano Festo Kivengere de Uganda, narró esta historia real en una predicación en Inglaterra hace años sobre un hombre renovado por el Cristo resucitado:

> Podría relatarte el caso de un hombre [...] de vuelta en casa, de 45 años, un pagano analfabeto que no conocía nada de

Cristo. Luego él, por gracia y por la predicación de los cristianos, llegó a la presencia de Jesús crucificado. Este hombre fue transformado tanto que, en un mes, cuando venían pensamientos impuros a su corazón, literalmente salía de una reunión y vomitaba […]. ¡Qué sensibilidad! Un hombre sumergido en el paganismo, sin capacitación bíblica, sin trasfondo. Y, ahora, a la luz del Calvario […], este hombre es tomado, recreado, renovado, su conciencia es tan limpia que, cuando vienen pensamientos impuros, tenía que salir y vomitar. Una sensibilidad había sido creada. El Espíritu Santo había renovado su personalidad. ¿Es este tu caso?[8]

Tu vómito no lava tus pecados. Solo la sangre de Cristo puede hacer eso. Pero tampoco te lastimará sentir asco por tus pecados. Jesús dijo: «Bienaventurados los que lloran, porque ellos recibirán consolación» (Mat. 5:4).

Es mucho mejor que clausurar nuestra sensibilidad, ¿no lo crees?

Porque ella importa,
Ray

---

[8] Festo Kivengere, «Christ the Renewer», in *The Keswick Week 1972*, ed. H. F. Stevenson (London: Marshall, Morgan & Scott, 1972), 75.

Capítulo 3

Él es de la realeza

QUERIDO HIJO:

Jesús también importa. No el Jesús que tal vez te imaginas en tu mente. Sino el Jesús poderoso que en verdad existe. A Él le importa el verdadero tú, y le importa ella.

Y, por cierto, ¿de dónde sacaste *tu* idea de Jesús? ¿La formaste por ahí en el camino? ¿O la aprendiste de la Biblia? Existen muchos falsos Jesús allá afuera para defraudarte, justo en donde más ayuda necesitas.

Por ejemplo, el «Jesús bonachón» es bastante popular. Siempre sonríe, siempre aprueba, nunca está en desacuerdo. Él simplemente está agradecido contigo por asistir de vez en cuando a la iglesia. Y, durante tu semana, sin importar lo que hagas, siempre puedes contar con que este Jesús te dirá que todo irá bien; todos van al cielo, porque todos son básicamente buenos en el corazón.

Una señal de que este Jesús falso se está infiltrando en tus pensamientos es cuando te preguntas con honestidad: «Bueno, ¿de verdad hay *tanto* problema con mirar pornografía de vez en cuando, en especial cuando la vida se pone estresante? Es inofensivo, ¿no?

Yo no soy peor que el tipo promedio. Tal vez mejor que muchos. Así que Jesús no tiene problemas conmigo, ¿no?».

Pero este Jesús de plastilina, tan pequeño que podría entrar en tu bolsillo, no es un Rey. Y, en tus momentos de coherencia, sabes que no puedes confiar en Él. Tu conciencia te susurra que tus problemas son más serios de lo que este pequeño Jesús parece ver. Por eso, el Jesús opuesto (otro Jesús falso) puede parecer una alternativa legítima: el «Jesús malhumorado».

Al menos, es una voz seria. Otorguémosle eso. Pero este rudo macho *siempre* te señala tus fallas. Tu mejor esfuerzo *nunca* es suficientemente bueno. Este duro Jesús, tan decepcionado de ti, mira hacia arriba con incredulidad mientras piensa: «¿En serio? ¿Lo hiciste *otra vez*?». Y ¿qué le puedes responder?

Pero, aunque siempre encuentra faltas en ti, aunque su látigo siempre está listo para golpearte, el «Jesús malhumorado» también te ofrece un incentivo: si solo te esfuerzas más, tal vez quedes arriba de la raya y te salves del infierno. Concéntrate y te distinguirás de los otros pecadores, esos infieles inmundos y apestosos. Tal vez hasta te vestirá con una túnica y te permitirá cantar en su coro en las nubes para siempre (la mejor versión del cielo que tiene para ofrecerte).

¿Has conocido a personas que creen en este falso Jesús? Yo sí. Se ven miserables. Pero lo gracioso es que parece *gustarles* su religión miserable. ¿Tal vez los hace sentir superiores? No lo sé. Pero el «Jesús malhumorado» tampoco es un Rey. Es un fantasma engreído, creado en sueños por nuestros miedos de culpa. ¡Deshazte de él!

Nuestros Jesús inventados no nos ayudan *para nada*. Si nuestro siguiente paso es abrirnos al verdadero Rey que ayuda a los pecadores reales, llegó el momento de desechar a todo Jesús mítico que hayamos «aceptado en nuestro corazón».

Aquí está un dato sorprendente de la historia, hijo mío. El Jesús real *atraía* a los fracasados, a los exiliados, a los rechazados, a los inútiles, a los débiles, a los traidores y a los perdedores —a la escoria del mundo. Todo tipo de pecadores derrotados y hastiados encontraron recibimiento con Él. Era la élite religiosa engreída la que lo odiaba. Pero ¿los culpables, los inmundos? No solo los toleraba; Él los hacía Sus *amigos*. Ellos no lo cansaban; lo *energizaban*. Él sabía perfectamente quiénes eran, dónde habían estado, qué habían hecho y qué harían —y cuánto le costaría a Él. Sin embargo, estuvo a su *favor*, con todo Su corazón.

Y Él está *a tu favor*.

Ahora mismo, en este mismo instante, Su corazón se mueve, no hacia los fuertes, sino hacia los quebrantados. Su tierno corazón hacia los pecadores fue precisamente lo que más resaltó a los ojos de Sus críticos. Aquí estaba un Hombre moral y los inmorales se sentían con *esperanza* a Su alrededor. Pero, para los arrogantes acusadores, Su crimen era ser «amigo de pecadores». Fue una acusación que con alegría aceptó.

Hijo mío, ¿no es ese Rey la *verdadera* realeza?

¿Qué si te dijera que cada falso Jesús en quien creímos alguna vez nos lo fue susurrado en nuestras mentes por el mismo Satanás? ¿No sería esto exactamente lo que él haría? ¿Mantenernos lejos del *verdadero* Jesús, cuyo corazón anhela darnos todo lo que un hombre desea en este mundo y más allá, quien está ansioso por darnos la adrenalina de un «¡Sí!», seguido de un choque de puños por cada victoria que logramos con esfuerzo en el trayecto?

Satanás está satisfecho con que tú te conformes con el «Jesús bonachón», tan débil y tan pobre que ni siquiera *sabe* cómo ayudarte a librarte de la pornografía. Satanás está igual de satisfecho con que soportes al «Jesús malhumorado» que te humilla y te empuja de nuevo a la pornografía para encontrar un falso consuelo y cadenas reales.

En lo que Satanás *no* quiere que pienses es en quién eres en realidad, en quién es ella en realidad y (más que nada) en quién es Jesús en realidad, tu Rey verdadero que quiere que te sientas *un hombre*. Un hombre con una conciencia limpia. Un hombre que sabe que camina por el sendero correcto. Un hombre de identidad que construye un mundo de grandeza. Ese hombre *se rehúsa* a permitir que su pasado le robe su futuro. Ese hombre no puede ser zarandeado más. Él se resiste y echa mano de la «vida nueva» (Rom. 6:4).

Parece una locura, pero es la verdad. *Cada vez que ingresas a un sitio de pornografía, lo que en realidad estás buscando es a Jesús.*[1] Hay mucho que aprender sobre Él. Mira esto:

Jesús es un *León vencedor*.
«He aquí que el León de la tribu de Judá [...] ha vencido» (Apoc. 5:5). Como nuestro majestuoso y valeroso Rey,[2] este León salta a nuestro mundo cada día y rescata más y más personas de los chacales y las hienas demoníacas que cazan a los débiles. Sus enemigos pueden parecer fuertes. Pero, ante el León, están indefensos.

---

1 Agradecimientos a Bruce Marshall, *the World, the Flesh, and Father Smith* (Boston: Houghton Mifflin, 1945), 108.
2 La ilustración del león viene de las profecías mesiánicas en Génesis 49:9-10. Bruce K. Waltke, *Genesis: A Commentary* (Grand Rapids, MI: Zondervan, 2001), 607: «Este cazador poderoso y valiente por excelencia fue el símbolo de los reyes en el antiguo Cercano Oriente».

Más aún, la Biblia dice que el León «ha vencido», tiempo *pasado*. Todavía hay mucho mal en este mundo. No hemos logrado *nunca* erradicar la maldad. Pero Jesús la venció para siempre.

Hace 2000 años (ya es demasiado tarde para anular Su éxito), los poderosos de este mundo crucificaron al Hombre más noble que jamás caminó en esta tierra. Pero, al tercer día, emergió de esa tumba y retumbó con vida *inmortal* y con poder *irresistible*. Ahora, ¿quién lo detendrá? Así que el futuro de este mundo no es incierto. Nuestro Rey es el *único* en el «lado correcto de la historia».

Significa mucho para mí que Jesús sea el dueño de este mundo. ¿Qué tal si ya no nos definen los pecados que se cometen en contra de nosotros ni los pecados que nosotros mismos cometemos? ¿Qué tal si el León venció todo eso? ¿Qué tal si está guiando nuestros sufrimientos para que terminen *resaltando* nuestra realeza? Entonces, ya no hay necesidad de una manera barata de lamernos las heridas ni de un parche para sentirnos como hombres otra vez. Gracias a Él, todos los males que nos atormentan a nosotros y a este mundo son una fuerza extinguida. Escondido detrás de nuestra actuación externa hay un profundo agotamiento. La injusticia aparente. Cada día, las tentaciones de este mundo nos susurran: «¡Sucumbe, ríndete!». Pero nuestro Rey nos hizo una promesa: «Vendré otra vez» (Juan 14:3). Y, en ese día final, el León devorará cada maldad y arreglará todas las cosas, para siempre.

Para nosotros, ese día que viene será como el momento en *El señor de los anillos*, cuando Sam se despierta, sorprendido de seguir con vida y salud en la tierra de Ithilien:

> Pero Sam se volvió a acostar y lo miró boquiabierto, con los ojos agrandados por el asombro, y por un instante, entre el estupor y la alegría, no pudo responder. Al fin exclamó:

—¡Gandalf! ¡Creía que estaba muerto! Pero yo mismo creía estar muerto. ¿Acaso todo lo triste era irreal? ¿Qué ha pasado en el mundo?

—Una gran Sombra ha desaparecido —dijo Gandalf, y rompió a reír, y aquella risa sonaba como una música, o como agua que corre por una tierra reseca; y al escucharla Sam se dio cuenta de que hacía muchos días que no oía una risa verdadera, el puro sonido de la alegría. Le llegaba a los oídos como un eco de todas las alegrías que había conocido. Pero él, Sam, se echó a llorar.[3]

A veces, nos preguntamos si Su presencia entonces compensará nuestro dolor actual. Pero C. S. Lewis sabiamente nos enseñó: «El cielo, una vez que lo alcancemos, se volverá hacia atrás y convertirá aun esa agonía en gloria».[4]

Así que podemos relajarnos. Podemos vivir nuestra vida con necesidades insatisfechas. Podemos esperar. Él vale la pena esperar. El León garantiza la Era Dorada predicha por los profetas de antaño y Su nuevo mundo nunca terminará. Entre tanto, Él tiene todo bajo control. Él nos tiene bajo Su control.

Jesús es el León vencedor. Pero Él es más que eso. Aunque nos sorprenda, es más que eso:

Jesús es un *Cordero inmolado*.

«Y miré, y vi que [...] estaba en pie un Cordero como inmolado» (Apoc. 5:6). Junto con «He aquí el León de la tribu de Judá», estas dos declaraciones nos muestran la grandeza de Jesús. No es un Rey simplista, unidimensional. Él es un León vencedor y

---

[3] J. R. R. Tolkien, *El señor de los anillos: El retorno del rey*, trad., Matilde Horne y Luis Domènech, vol. 2 (Barcelona, 2002), 294.
[4] C. S. Lewis, *The Great Divorce* (New York: Simon and Schuster, 1996), 67.

un Cordero inmolado. Él no es uno u otro. No es una mezcla forzada de dos opuestos. Es *tanto* un León *como* un Cordero, en simultáneo, por completo.[5] Como Cordero inmolado, Jesús es el sacrificio expiatorio.[6] Después de todo, debe hacerse *algo* para compensar nuestros pecados. No *desaparecen* simplemente, ni por buena suerte ni por buenas obras. Todos estamos atrapados en consecuencias que no planeamos pero que sí creamos. Y si *nosotros* tenemos que responder por lo que hemos hecho, entonces no tenemos futuro.

Tras años de negación, la leyenda del béisbol Pete Rose finalmente admitió apostar en sus propios juegos: «La gente tiene que entender que deseo que nunca hubiera sucedido. Pero no puedo cambiarlo; sucedió. Y solo busco una segunda oportunidad». Lo entendemos, ¿no? Miramos los episodios de nuestro pasado y pensamos: «¡Si tan solo pudiera volver a vivir esos momentos! ¡Si tan solo pudiera intercambiar mi registro por uno mejor!».

Esta tristeza que cargamos es una de las razones por las que los varones nos escapamos a nuestro Fantasíalandia de «libertad» total. En ese mundo, podemos hacer lo que queramos, sin consecuencias, sin responsabilidad. Pero la mañana del lunes siempre llega. Tenemos que levantarnos, sacar la basura, apresurarnos al trabajo, hacer pagos, etc., etc., etc. Y la pregunta más profunda nunca desaparece: *¿Qué, en este mundo entero, puede llevarse mis pecados, lo suficientemente lejos para que me dejen en paz?*

---

5   Jonathan Edwards, «The Excellency of Christ», in *Works* (Edimburgo, 1979), I:680: «Existe una admirable unión de diversas excelencias en Cristo Jesús».
6   La ilustración del cordero viene de muchos pasajes del Antiguo Testamento, como el cordero de la Pascua en Éxodo 12:1-13, por ejemplo.

Jesús nos dice: «Yo soy el Cordero que fue inmolado para responder por todo lo que has hecho. Vengan a Mí, todos los que están trabajados y cargados y Yo los haré descansar».[7]

Corrie Ten Boom, la sobreviviente holandesa de una prisión Nazi, entendió nuestra necesidad. Ella dijo que, cuando Dios lanza nuestros pecados hasta lo profundo del mar, Él también coloca un cartel que dice: «¡Prohibido pescar!».[8] ¿Cómo pueden competir contra eso nuestros remedios superficiales?

Nos *ayuda* que el León rugiente y el Cordero sacrificial sean una misma Persona. Él nos respeta lo suficiente como para enfrentar nuestros pecados. Pero también nos valora lo suficiente como para pagar por nuestros pecados, a costa solo de Sí mismo. Jesús edifica Su nuevo reino de manera sorpresiva. Él les regresa su dignidad a las estrellas pornográficas y Él les devuelve su honor a los consumidores de pornografía. Él *ama* hacer esto.

León y Cordero. Para ti. Para mí.

Tú y yo tenemos mucho en común. La única *gran* diferencia entre nosotros es que yo he pecado mucho más que tú. ¡Hace 70 años que peco! ¿Qué hago con eso ahora? Lo mismo que tú. Lo único que Jesús me pide hacer, lo único que *puedo* hacer, es ponerlo al pie de Su cruz. Entonces, ya no es mío. Es de Él para siempre. Y yo quedo libre finalmente para comenzar a crecer como un hombre de integridad y construir un mundo de grandeza.

---

[7] Esta ilustración viene de Raymond C. Ortlund, Jr., *Isaiah: God Saves Sinners* (Wheaton, IL: Crossway, 2005), 352-353.

[8] Corrie Ten Boom, *Tramp for the Lord* (Fort Washington, PA: Christian Literature Crusade, 1974), 55.

En Su presencia, tú y yo finalmente seremos libres para crecer. Hablaré más sobre eso en otra carta.

Por ahora, lo que digo es esto: El León que también es el Cordero es lo suficientemente grande para ti, para mí y para todo este mundo. Si Él «necesita» algo de nosotros, es solo nuestro agotamiento y nuestro fracaso. ¿Qué otras opciones tenemos?

Me encanta *Las crónicas de Narnia* de C. S. Lewis. En una sección, una niña llamada Jill llega a un claro en el bosque. Está sedienta. Ella ve un arroyo no tan lejos de allí. Pero no corre a lanzarse hacia la corriente refrescante. Ella se paraliza en terror. Un enorme león dorado se encuentra allí, descansando bajo el sol junto al arroyo:

—¿No tienes sed? —preguntó el león.

—Me muero de sed —respondió Jill.

—Entonces bebe.

—Puedo... podría... ¿te importaría alejarte mientras lo hago? —inquirió ella.

El león se limitó a responder con una mirada y un gruñido sordo. Y mientras contemplaba su mole inmóvil, Jill comprendió que era como si hubiera pedido a toda la montaña que se apartara para su propia conveniencia.

El delicioso borboteo del arroyo empezaba a ponerla frenética.

—¿Me prometerás no... no hacerme nada, si me acerco? —preguntó.

—Yo no hago promesas —respondió el león.

Tenía tanta sed ya que, sin darse cuenta, la niña había dado un paso al frente.

—¿Comes chicas? —quiso saber.

—Me he tragado chicas, chicos, mujeres, hombres, reyes, emperadores, ciudades y reinos —declaró él.

Aunque no lo dijo como si presumiera de ello, lo sintiera o estuviera enojado. Sencillamente lo afirmó.

—No me atrevo a acercarme a beber.

—En ese caso morirás de sed —dijo el león.

—¡Cielos! —exclamó Jill, dando otro paso más—. Supongo que tendré que ir a buscar otro arroyo.

—No hay ningún otro arroyo.[9]

Hijo mío, la pornografía no es el arroyo que puede satisfacer tu sed. Te ofrece interminables hiperexcitaciones, a solo un clic de distancia. Pero lo que la pornografía produce, tras el placer momentáneo, es la empinada decepción de la vaciedad y el odio hacia uno mismo, con menos y menos sexo real también.[10]

Esta carta es sobre nuestro verdadero Rey. Te estoy pidiendo que te entregues por completo a Él. Luego, Él sumerge tu pasado en Su propia sangre. Y Él proveerá todo lo que necesitarás, momento a momento, a medida que te guía hacia tu futuro.

No hablo de cambiar tu vida normal por tu vida-normal-más-domingo-de-iglesia. Hablo de escoger entre *dos mundos diferentes*, donde cada uno compite con el otro y cada uno te invita a entrar y a continuar avanzando.

Echemos un vistazo más de cerca, para terminar.

Un mundo es dominado por Satanás. Él es el rival de Cristo, pero no es Su igual. Satanás es el aspirante por excelencia. Hay que otorgarle eso. El mundo que construye es un lugar emocionante.

---

[9] C. S. Lewis, *Las crónicas de Narnia: La silla de plata,* trad., Gemma Gallart, (Barcelona, 2005), 32-33.

[10] Belinda Luscombe, «Porn and the Threat to Virility», *Time,* April 11, 2016. In C. S. Lewis, *The Screwtape Letters* (New York, HarperOne, 1996), 44, el demonio mayor le explica al demonio aprendiz: «La fórmula es un apetito siempre creciente por un placer siempre decreciente».

Hay energía y pasión por doquier. Todos los chicos de moda están allí.

La Biblia dice: «El mundo entero está bajo el maligno» (1 Jn. 5:19). *Por eso* la pornografía se siente inevitable y la integridad imposible. Pero a Satanás ni siquiera le importa el sexo en realidad. Lo que busca es *todo*, la negación total de Jesús, la negación total de la Biblia, la negación total de la dignidad de todos, para que todo el mundo se hunda en impotencia sumisa. De eso se trata la pornografía en realidad. Es una *guerra total* en contra de Jesús, una *guerra total* en contra de cada esperanza de tu corazón. La pornografía le ofrece una carga rápida a tu sexualidad. Pero neutraliza tu autoridad y tu libertad como un varón serio. Y ni siquiera porque *tú* importes. Satanás te quiere como un simple peón para hacer que *Jesús* parezca un fracaso. ¿No ves lo que sucede? Satanás utiliza la pornografía y mucho más para extender una atmósfera global de intimidación. Hasta lo hace ver atractivo. Pero son puras mentiras. «Para lograr lo peor, la maldad necesita verse como lo mejor. La maldad tiene que gastar mucho en maquillaje».[11] El diablo de seguro no quiere que nadie se dé cuenta de algo más: que el Jesús resucitado está desarrollando Su movimiento rebelde aquí mismo.

Este otro mundo nuevo está siendo creado por el Rey resucitado. Jesús es nada menos que un segundo Adán, desarrolla nada menos que una nueva raza humana, edifica nada menos que un Jardín del Edén eterno.[12] En este preciso momento, Jesús

---

11 Cornelius Plantinga, Jr., *Not the Way It's Supposed to Be: A Breviary of Sin* (Grand Rapids, MI: Eerdmans, 1995), 98.

12 Alec Motyer, *Look To The Rock* (Leicester: InterVarsity Press, 1996), 125: «Cuando el Rey legítimo regrese al Edén, todas las energías, acumuladas mientras el pecado abundaba y la muerte reinaba, explotarán en eterno florecimiento a medida que la creación misma se apresura para poner sus tributos a los pies de Aquel que tiene el derecho de reinar».

corre por este mundo agotado y recoge pecadores desesperados a diestra y a siniestra, les imparte nueva vida y disfruta el proceso. Él *prefiere* los casos menos esperanzadores. Qué suerte para nosotros, ¿no?

Así que, ¿quién puede derrotarlo? Él es mejor en salvarnos de lo que nosotros somos en pecar: «Nos ha librado de la potestad de las tinieblas, y trasladado al reino de su amado Hijo, en quien tenemos redención por su sangre, *el perdón de pecados*» (Col. 1:13-14, énfasis del autor). Mientras más pequemos, ¡más calificamos!

Su nuevo reino de vida crece por todas partes, «una gran multitud, la cual nadie podía contar, de todas naciones y tribus y pueblos y lenguas» (Apoc. 7:9). ¡Hay espacio para *todos*! ¿Por qué no tú?

Esto es lo que puedes ganar. Cuando el Rey regrese, volverá a crear nuestro mundo de sufrimiento y lo transformará en la nueva tierra, donde no habrá dolor ni aburrimiento ni depresión. Cada color será más brillante, cada aroma más intenso, cada sabor más delicioso, cada atardecer más dramático. En Su presencia de resplandor nuclear, finalmente nos sentiremos completamente vivos.[13]

Se pone mejor. En cuanto a las culturas que los seres humanos nos hemos dedicado a crear durante la historia, nuestro Rey restaurará, preservará y perfeccionará lo mejor de nuestro mundo para disfrutarlo juntos para siempre. «La gloria y la honra de las naciones» será llevada a la ciudad santa (Apoc. 21:26). La música, el arte, el vestido, el humor, la danza, los ritmos, los acentos, las historias de nuestras culturas, nuestro Rey *valora* toda esta gloria y

---

[13] Jonathan Edwards, «Heaven», in *Works* (Edimburgo, 1979), II:628, al describir los cinco sentidos de nuestros cuerpos resucitados, escribe que «cada facultad de percepción será un punto de entrada al deleite». Doy gracias a mi hijo, el doctor Eric Ortlund por llamar mi atención a esta porción de Edwards.

honor que hemos creado. Cuando Él regrese, no lo eliminará. Él lo redimirá. *El cielo será humano y «terrestre»*, más que el mundo de Satanás.

Por ejemplo, podremos escuchar un chiste sin tener que prepararnos para un final desagradable. Cada nuevo chiste será más divertido que nada que hayamos escuchado aquí. Nos reiremos a carcajadas y Jesús mismo disfrutará de cada minuto.

Así es como podría ser el momento en el que entres a Su mundo eterno. Recuerda que el Señor no dijo: «Voy, pues, a preparar un lugar». Lo que dijo fue: «Voy, pues, a preparar un lugar *para vosotros*» (Juan 14:2, énfasis del autor). Así que, cuando llegues *tú*, no mirarás alrededor y dirás: «Bien, creo que podré acostumbrarme a esto. Da igual». Mirarás alrededor y dirás: «¡No es posible! Pensó en *mí*. Él entendió *mi* loco corazón». Y te echarás a correr, primero que nada, hacia *Él*. Te lanzarás a Sus brazos con tanta fuerza que tal vez lo tires al suelo. No le importará. Se levantarán ambos, riendo. Y mirarás a Sus ojos y Él mirará a los tuyos y te preguntará: «¿Te gustaría un abrazo?». Y tú dirás: «Claro que sí». Y te envolverá en el abrazo de oso más grande que hayas recibido. Y te dirá dulcemente: «Tarda todo lo que quieras. Tengo tiempo». Y sentirás la sanidad fluir hasta tu dolor más profundo. Comenzarás a descubrir lo que se siente en realidad ser humano. Estarás allí, en ese gigantesco abrazo, por quizás un año. Y, cuando te sientas listo, te levantarás y dirás: «Gracias, Señor. Se sintió bien». Y Él sonreirá y tú también: dos figuras de la realeza y entrañables amigos para siempre.

Lo maravilloso ahora mismo sobre tu futuro es esto: en cualquier momento, por fe, puedes ir allí en tu mente. Pinta esa imagen para los ojos de tu corazón. Encontrarás una energía fresca para vivir con nobleza entre las ruinas de este mundo trágico. La necesitarás. Pero la *tendrás* —siempre. El mundo de Satanás es una mentira. Está en colapso. El Rey del nuevo mundo es real. Está en ascenso. Saborea ese pensamiento.

Me encanta la escena en *The Shawshank Redemption* [Sueño de fuga] cuando Andy se encierra en esa oficina y toca una pieza de Mozart en el sistema de megafonía. Los convictos se encuentran fascinados por la belleza que parecía venir de más allá de las paredes de la prisión.

Entonces, la voz de Red nos recuerda cuánto poder tiene la esperanza, en dondequiera que nos hallemos encerrados ahora mismo:

> Hasta este día, no tengo idea de qué cantaban esas dos mujeres italianas [...]. Me gusta pensar que cantaban de algo tan hermoso que *no puede* ser expresado en palabras y que hace que tu corazón se llene de añoranza. Te lo diré: esas voces *se elevaron a los cielos*. Más alto y más allá de lo que nadie en ese lugar gris osaba soñar. Fue como si una hermosa ave entrara a nuestra pequeña jaula oscura e hiciera que las paredes se disolvieran [...] y, por un corto momento, cada uno de los hombres en Shawshank se sintió libre.[14]

Libertad de corazón es lo que produce tu realeza aquí mismo, ahora mismo, en este mundo quebrantado. Es un regalo sagrado de tu Rey. ¡Nunca la sueltes!

Porque Él importa,
Ray

---

14 Frank Darabont, *The Shawshank Redemption: The Shooting Script* (New York: Newmarket, 2013), 63-64. Italics original.

PARTE II
———

VUELVE A IMAGINAR EL FUTURO

Capítulo 4

Podemos hacerlo

QUERIDO HIJO:

Veamos el lado práctico ahora. ¿Qué harás con *tu* realeza? Sí, eres increíble. Pero espero que no lo veas *solo* para ti mismo. Una de las maneras en que eres increíble es para esto: para liberar a otros varones en tu generación. Eres un hombre libre para liberar a otros. *Ese* es el regalo que Jesús te ha dado. Y te pregunto: ¿Qué vas a hacer al respecto?

Comencemos por aquí: *Estás más listo de lo que sientes*. Antes de que nacieras, Dios comenzó a moldearte para tu misión. Él ha estado preparándote durante toda tu vida para levantarte como una presencia profética en nuestro mundo de mentiras. Él ahora mismo está moviéndote hacia las valientes decisiones que tendrás que tomar para cuando termines este libro. Él está comprometido con ayudarte a comenzar y está comprometido a sustentarte para tu impacto histórico. Mira lo que le dijo a otro joven que, como tú, enfrentaba probabilidades complicadas:

Antes que te formase en el vientre te conocí, y antes que nacieses te santifiqué, te di por profeta a las naciones (Jer. 1:5).

Vaya, casi siento pena por el diablo, ¡contigo en contra de su reino en colapso! No solo la *historia* cambiará gracias a ti; la *eternidad* será más abundante porque tú te levantas firme aquí. No esperes un día mejor. Puedes comenzar ahora. Esto es lo maravilloso ahora mismo. Sí, la industria de la pornografía esclaviza mujeres y hombres por millones alrededor del mundo hoy. Pero lo increíble es esto: *¡Es hora del partido!* El Entrenador divino ya tiene a Su equipo en el campo. Él diseñó la jugada. Y Él te ha puesto a *ti* en el juego. No estás en el banquillo esperando para ver si en algún momento llamará tu nombre. Tú estás en el campo y Su equipo tiene la ofensiva. Eso es todo lo que importa. No te interesa qué jugada llamó el Entrenador. Todo lo que te importa es ejecutar Su jugada lo mejor que puedas. Y, cuando estás cansado, golpeado y amoratado, no te importa. Los buenos jugadores juegan lastimados. Hasta les *gusta* jugar así. Cuando alguien en el equipo está lleno de tierra, sudor, sangre y dolor, y se levanta del *timbac* para correr hacia la línea y ejecutar la siguiente jugada, aun su dolor se siente *bien*. Así es como *sabe* que es un jugador de verdad. Ese eres tú, ahora mismo.

Así que, con el equipo ya en el campo, con la bola en la dirección de la zona de gol, tu papel es bastante sencillo. No fácil, pero sí sencillo. *Solo continúa*. No te detengas por nada y comienza a hacer algo. Y ese algo es *lo que sea* que puedas hacer.

En el capítulo 6, ofreceré un menú de opciones para los «siguientes pasos». Pero, por ahora, descansa en esta confianza. A medida que des pasos adelante y te comprometas, el Jesús resucitado te dará todo lo que necesitas durante el camino para edificar Su nuevo mundo. Sí, pagarás el precio. Sí, a veces fallarás, o sentirás que fallas. Pero, con Su sonrisa sobre ti, serás capaz de seguir adelante y seguir adelante y seguir adelante y nunca darte por vencido.

Hijo mío, estarás en el lado correcto de la historia, no por tu propia determinación, sino por Su resurrección. Tu tiempo es ahora, no dentro de diez años. Tu tarea está delante de ti, no en algún horizonte distante. Confío en tu futuro porque es Su futuro. Por eso eres exitoso *incluso antes de mover un músculo*. Así que sigue adelante y acepta Su llamado a la acción, sin importar lo que te pida que hagas.

Tu lucha es como los últimos meses de la Segunda Guerra Mundial. El 6 de junio de 1944, en el Día D, las tropas aliadas desembarcaron en la costa norte de Francia para liberar a Europa de la tiranía Nazi. Una vez que esos soldados habían, de manera heroica y feroz, establecido una cabeza de playa, comenzaron a moverse hacia el interior y ganaban terreno a cada paso sangriento que daban. La lucha se extendió hasta el 8 de mayo de 1945, el Día de la Victoria en Europa —casi un año después—, cuando el ejército alemán finalmente se rindió. *Pero la guerra había sido ganada once meses antes, cuando los alemanes no pudieron detener los desembarcos aliados en el Día D.*[1]

Para aquellos que lucharon con tanta determinación desde las costas de Francia hasta el corazón de Alemania, ningún sacrificio en el camino fue un desperdicio. Ellos no solo luchaban *por* la victoria, sino también *en* victoria.

De la misma manera, Jesús ganó la batalla decisiva para este mundo entero por Su muerte y resurrección hace 2000 años. Su muerte pareció una derrota. Pero Él regresó de la tumba con vida nueva para siempre. Ahora, ¿quién podrá detenerlo? Su victoria final es inevitable: un nuevo mundo entero de nobleza. Sí,

---

1 Oscar Cullmann, *Christ and Time: The Primitive Christian Conception of Time and History* (London: SCM, 1952), 84-87.

seguimos en la batalla. Y es dura. Pero estás del lado vencedor. Ningún sacrificio es inútil. Cada sacrificio contribuye. Estás sirviendo a Su poderosa causa, con Su ayuda constante. Él nunca te dejará ni te desamparará (Heb. 13:5).

La única pregunta es esta: ¿De qué maneras prácticas te mantendrás *tú* moviéndote hacia adelante?

De esto se trata esta carta: de que te alistes, en corazón y mente, para *tu* batalla personal. Aquí están tres etapas que te ayudarán. Ciertamente me ayudaron a mí.

Uno: ¿Para qué estás luchando?

Dos: ¿Cómo puedes luchar bien?

Tres: ¿Qué te costará la victoria?

1. ¿Para qué estás luchando?

El noble concibe planes nobles,
 Y en las cosas nobles se afirma (Isa. 32:8, NBLA).

¿Qué tal eso como un tatuaje, tal vez una línea en cada brazo?

Lo que sea que Jesús te pida que hagas, nunca será vergonzoso ni furtivo. Nunca tendrás que romper las reglas para servirlo. Él es noble, Él planea cosas nobles y Él te llamará a afirmarte solo para cosas nobles; de hecho, para un nuevo mundo entero de nobleza.

Estudié esa palabra bíblica *noble*. (¡Tres veces en un versículo!). *Noble* aquí no significa una clase alta aristocrática. Se trata del carácter heroico de un hombre, sin importar su posición social. Me encanta esta palabra bíblica, *noble*. Esto es lo que significa en realidad: la disposición de hacer más que el mínimo indispensable. Esta palabra describe a un hombre generoso, apasionado, que con alegría se ofrece como voluntario para hacer *todo* lo mejor para otros. Es lo opuesto a un holgazán o a un tacaño. Se entrega por completo. Esa es la verdadera nobleza. Hijo mío, eso es para *ti*.

Otra razón por la que me encanta la palabra *noble* es por su manera de ofrecernos sabiduría. Enfrentarás dos tentaciones opuestas: la cobardía y el fanatismo. La cobardía hace que un varón quiera mantener agachada su cabeza hasta que pasen los problemas. El fanatismo, en cambio, hace que el varón intente forzar el cambio por cualquier medio necesario. Tanto la cobardía como el fanatismo son necedad. Y el camino sabio de la nobleza no es un arreglo entre ambos. Es un tercer camino por completo.

Por ejemplo, los cobardes en los años 1800 no tuvieron los pantalones para enfrentar la esclavitud en Estados Unidos. Los fanáticos se pusieron violentos, como John Brown que esperaba provocar un levantamiento de esclavos al atacar el pueblo de Harpers Ferry. Pero el noble Abraham Lincoln echó sobre sus hombros la responsabilidad del liderazgo y cambió el curso de la historia. ¿Ves la diferencia? Afirmarte en tu nobleza te posicionará para dejar una marca duradera que las futuras generaciones pueden respetar.

Recuerda, cuando te levantas en armas contra la maldad, estás *planeando* algo noble. Estás *defendiendo* algo noble. Si alguna vez te sientes como un cobarde ante la batalla, puedes dar vuelta de inmediato, dar la espalda a tu temor, regresar a Jesús y afirmarte de nuevo para la batalla. O, si alguna vez te sientes como un fanático, puedes hacer lo mismo: da vuelta en ese momento y regresa de tu locura hacia Jesús para encontrar el camino sensato hacia adelante. Mantente cerca de Él y serás firmemente imparable.

Así que, la meta de tu vida no es salvar tu precioso pellejo ni reivindicar tu grandiosidad. Tu nobleza significa que no te retienes porque Jesús no se retiene. Él sigue dando «gracia sobre gracia» (Juan 1:16), a medida que regresas a Él con necesidad sobre necesidad. Su puerta siempre está abierta para ti porque Él también es noble.

La pornografía que enfrentas demandará lo mejor de ti, pero Jesús seguirá dándote lo mejor de Él. No estás condenado a fracasar. Él *destruirá* esta miserable industria y *creará* un mundo de nobleza —a través de *ti*.

Siempre recuérdalo. Vas a *necesitar* recordarlo.

Vencer la pornografía parece imposible, ¿no es así? Su llamado es seductor, su alcance es vasto, su presencia está bien establecida. Pero aquí está la diferencia que hace Dios. David, el que llevaba las de perder, se enfrentó al monstruo Goliat y la historia terminó con una victoria aplastadora para David (1 Sam. 17). A Dios le *encanta* transformar las imposibilidades en hechos, para mostrarnos lo real que es. Él no está buscando «apostar al vencedor». Su corazón es atraído hacia las causas perdidas y Él se encarga de que salgan adelante al final. Para ti y para mí, eso cambia por completo el panorama.

No puedo explicar cómo funciona, *pero tan solo un poco de fe provoca cambios inmensos.* Jesús dijo: «De cierto os digo, que si tuviereis fe como un grano de mostaza, diréis a este monte: Pásate de aquí allá, y se pasará» (Mat. 17:20). Dios no busca superhéroes. Él busca hombres ordinarios que quieran ser prueba viva de *Su* poder para mover montañas (2 Cor. 12:9). Y ¿no te encantaría ser parte de eso?

Sí, cada día, este mundo de locos intentará con todas sus fuerzas hacerte sentir pequeño. Pero T. S. Eliot nos ayuda a ver la verdad: «En un mundo de fugitivos, la persona que toma la dirección opuesta parece estar huyendo».[2] ¡Y toda la ayuda que necesitarás continuará viniendo hasta ti de aquel Noble en las alturas *que está tan orgulloso de ti!*

Hace muchos años, durante la guerra de Vietnam, un protestante antiguerra caminaba penosamente por la nieve afuera de una corporación en Minnesota mientras sostenía su cartel y vociferaba su declaración. Alguien que pasaba se burló de él: «¿Por qué estás

---

2 T. S. Eliot, «The Family Reunion», in *The Complete Plays of T. S. Eliot* (New York: Houghton Mifflin Harcourt, 2014), 110.

aquí? ¡Nunca lograrás cambiarlos!». El joven protestante sabiamente respondió: «No estoy aquí para cambiarlos a ellos. Estoy aquí para evitar que me cambien a mí».

Cuando luchas por un nuevo mundo de nobleza, tan solo luchar *es* ganar. Puedes hacer eso. Hagamos eso juntos, cada día por el resto de nuestra vida; luchemos, para empezar, por la nobleza de nuestra propia alma.

2. ¿Cómo puedes luchar bien?

Con toda diligencia guarda[3] tu corazón,
Porque de él brotan los manantiales de la vida (Prov. 4:23, NBLA).

Muchas personas creen que se florece de afuera hacia adentro, pero nosotros creemos que se florece de adentro hacia afuera. Creemos que las grandes cosas de la vida no vienen de ventajas externas sino de nuestros recursos internos. Eso significa que, sin importar qué tan mal se ponga este mundo, con el Jesús resucitado que vive dentro de ti, siempre podrás tener algo positivo que ofrecer a todo aquel que te encuentres.

Su nuevo mundo de nobleza no necesita que parezcas impresionante. Tú *eres* impresionante. Simplemente lo eres. No te preocupes por eso. En cambio, concéntrate en guardar tu corazón en lo más profundo de ti. Protege «con toda diligencia» una conciencia limpia delante del Señor. Recuérdate a ti mismo —incluso *anúnciate* a ti mismo— que Él se regocija en ti. Sin importar la locura que se encuentra a tu alrededor, Sus «manantiales de la vida» pueden fluir en ti y desde ti para refrescar a otros.

---

3 Otras traducciones como la NVI dicen: «*Cuida* tu corazón […]»; es una traducción correcta. Pero «*Guarda* tu corazón […]» también es una forma válida y transmite la fuerza del mensaje con mayor claridad. Ver RVR1960, NTV, TLA.

Un historiador amigo mío, el doctor John Woodbridge, me contó esta historia verídica sobre el gran evangelista Billy Graham. En 1976, Jimmy Carter era candidato para la presidencia de Estados Unidos. La revista *Playboy* lo entrevistó durante su campaña. En un punto durante la entrevista, Carter admitió: «He mirado a muchas mujeres con lujuria. He cometido adulterio en mi corazón en muchas ocasiones».[4] Eso no nos sorprende, pero llegó a los periódicos nacionales.

No mucho después, Billy Graham hablaba por teléfono con mi amigo John. Entre otras cosas, trataron el tema de la entrevista de Carter. Billy explicó lo decepcionado que estaba de que un cristiano prominente tuviera que admitir eso. Billy no estaba siendo ingenuo, ni hablaba mal de Carter. Pero él había colocado un estándar tan alto para lo que permitía que entrara en su propio mundo mental que se dolía por Carter. ¡No es de asombrar que fluyeran del ministerio de Billy Graham «manantiales de vida» para tantas personas![5]

Hijo mío, por la gracia de Dios, puedes guardar tu corazón con la misma diligencia de dos maneras.

Primero, puedes guardar tu corazón de los pensamientos de lujuria. ¿Recuerdas el alto estándar que Jesús nos dio? «Cualquiera que mira a una mujer para codiciarla, ya adulteró con ella en su corazón» (Mat. 5:28). No tenemos derecho de contestarle a nuestro Rey: «No. Eso es imposible. Pides demasiado de mí». Sus mandamientos no son imposibilidades; no con Su ayuda. Tampoco son Sus mandamientos un menú de opciones a elegir. Sus mandamientos son Su integridad total que entra en nosotros por Su gracia y que nos sana de nuevo.

---

4 Lee Dembart, «Carter's Comments on Sex Cause Concern», *New York Times*, September 23, 1976, https://www.nytimes.com/1976/09/23/archives/carters-comments-on-sex-cause-concern.html.

5 Le doy gracias al doctor Woodbridge por esta narrativa que me compartió en una conversación telefónica el 4 de septiembre de 2020.

Digámosle siempre: «Señor, ayúdame a obedecerte, ahora mismo, a un nivel más profundo». Y ayudémonos unos a otros a medida que luchamos por nuestra integridad. Pero nunca demos espacio al pecado, ni siquiera en nuestros pensamientos. El evangelio nos llama a vivir «agradándole en todo» (Col. 1:10). Eso no significa perfección sin pecado. Pero sí apertura total. Así es como se ve el amor a Jesús. Él nos ama y nosotros lo amamos también al darle el acceso completo a *todo* lo que somos. Y *nunca* le decimos que desvíe Su mirada ni que nos dé nuestro espacio ni que se salga de nuestro camino. Podemos enfrentar lo peor dentro de nosotros porque Él es nuestro Rey de gracia.

Así que, en el instante en que aparezca un pensamiento de lujuria en nuestra mente, *rechacemos* la tentación. Y clamemos al Señor: «¡Ayúdame!». Él siempre está allí. La Biblia no dice que Job nunca fue tentado, sino que él era «apartado del mal» (Job 1:1,8; 2:3). Y la Biblia nos llama a esa misma «integridad» (Job 2:9). Es así: No puedes evitar que un ave vuele sobre tu cabeza, pero sí puedes evitar que haga un nido en tu cabello. Eso es lo que significa «guardar tu corazón». Así es como los «manantiales de la vida» se mantienen frescos y llenos en tu interior.

Segundo, puedes guardar tu corazón de pensamientos de desesperanza. Tu peor tentación no es sexual sino espiritual, abandonar a Dios porque piensas que Él te ha abandonado a ti. Martín Lutero lo entendió:

Mi tentación es esta: pienso que no tengo un Dios de gracia. Esta es la ley. Esta es la tristeza más grande y produce muerte. Dios la odia y nos consuela cuando nos dice: «Yo soy tu Dios». Conozco Su promesa. Y, sin embargo, si me atormenta algún pensamiento sin valor, tengo la ventaja (que nuestro Señor Dios me da) de aferrarme de nuevo a Su Palabra. Gloria a Dios, me aferro al Primer Mandamiento que declara: «Yo soy tu Dios. No te devoraré. No te envenenaré» [...]. Debemos saber que, por sobre toda justicia y por sobre todo pecado, se encuentra esta declaración: «Yo soy el Señor tu Dios».[6]

Es a nosotros los pecadores que Jesús sigue ofreciéndose a Sí mismo: «El que cree en mí», no «el que me merece», sino: «El que cree en mí, como dice la Escritura, de su interior correrán ríos de agua viva» (Juan 7:38). Así que ya no estamos limitados a nosotros mismos. Nunca llevaremos nuestra necesidad a Jesús solo para salir vacíos. Hijo mío, sé esto por experiencia. Mantente volteando a Él y lo sabrás también por experiencia, más y más.

Voy a hablar de algo bastante personal. Durante muchos años, no entendí por qué Él me creó sexual. Esta intensidad sexual masculina que comencé a sentir en mi niñez y que creció conmigo a medida que me volvía adulto y que ha permanecido dentro de mí durante todos estos años, ¿*por qué*? No puede ser sucia. No puede ser absurda. Fue Su idea. Pero ¿cuál fue Su propósito?

En algún punto del camino, finalmente lo entendí: «Ah, mis sentimientos intensos no son solo para *mí*. Son para *ella*. Mi sexualidad hierve dentro de mí para llevarme a mi esposa y *hacerla* feliz».

Como un hombre casado, guardar mi corazón significa dedicar mi sexualidad —*toda* esta energía— a mi esposa y solo a ella. Entonces, mi impulso se enfoca y se intensifica más aún. De esa manera, mi esposa es honrada y amada, y yo soy honrado y amado, y nosotros como pareja tenemos mucha más energía positiva para servir a otros. Para nosotros, así es como el drama de la sexualidad humana fluye hacia los «ríos de agua viva» que Jesús prometió.

Guardar nuestro corazón es el camino, por Su gracia, que mi esposa y yo hemos encontrado hacia un romance más profundo, con

---

6 Martin Luther, *Tabletalk*, ed. and trans., Theodore G. Tappert, vol. 54 de *Luther's Works*, ed. Jaroslav Pelikan and Helmut T. Lehmann (Philadelphia: Fortress, 1967), 75.

cuatro hijos y quince nietos como resultado. Jesús está edificando un pedazo de Su nuevo mundo de nobleza a través de nuestra familia. Comenzó cuando tocó mi cuerpo con el regalo de la sexualidad. Pero comenzó a *tener sentido* cuando finalmente lo recibí como un regalo, no solo para mí, sino para *ella*. La sexualidad y la espiritualidad pueden converger con poder de vida. ¿Quién lo diría?

Hijo mío, durante tus años de soltero y durante tus años de casado cuando estés lejos de casa, tu sexualidad aún puede ser poderosa para bien. La sexualidad inactiva no es una *no sexualidad*. Es una sexualidad con propósito. Es una sexualidad que encuentra su propósito supremo dedicado a Dios y bendecido por Dios. ¿Cómo lo sabemos? ¿Cómo sabemos que una sexualidad inactiva puede ser una sexualidad gloriosa? Lo sabemos por Jesús. Él fue un varón, nunca tuvo sexo y siempre estuvo gloriosamente completo. ¿Qué hizo con todas esas energías a todos los niveles de Su ser? «Anduvo haciendo bienes» (Hech. 10:38). También tú puedes, por Su gracia y para Su gloria.

No digo que sea fácil. Es difícil. De hecho, solo conozco una cosa más difícil que obedecer al Señor; *no* obedecerlo. Rendirme ante mis impulsos. Llevar mi sexualidad a mi propia forma alocada. Y luego sentir el amargo sabor del remordimiento y la vergüenza. *Eso* es más difícil.

Entonces, ¿por qué no recibir tu sexualidad como un regalo de Él y para Él? ¿Por qué no agradecerle por este regalo increíble? ¿Por qué no dedicar tu sexualidad a Él cada día? Guarda el entendimiento de tu corazón de Su noble propósito con *todo* lo que tienes.

Tu corazón es tu peligro más aterrador, pero también es tu recurso secreto. La manera de luchar bien a largo plazo es llevarle tu corazón vacío y roto a Él para que lo llene y lo rellene una y otra vez. ¡Por cierto, no tienes que guardar tu corazón de Él! Puedes llevarle tus preguntas, tristezas, necesidades y confusión a Él momento a momento. Abre tu Biblia cada mañana, lee un salmo, anota y ora.

El Salmo 25, por ejemplo. Es real y honesto. Es «agua viva» para el hombre agotado. Ve allí, sumérgete un versículo a la vez y Jesús te sorprenderá con cómo Su corazón puede fluir en el tuyo. Él te dará *gustoso* todo lo que necesitas para ti mismo y para otros día a día hasta el día de tu muerte.

Y, cuando llegue el momento, morirás feliz. Tu vida será una historia inspiradora de cómo Jesús rescató y refrescó a otros *a través de ti*. En tu funeral, la gente llorará. Y la memoria de ti los fortalecerá durante muchos años, hasta el día de *su* muerte.

3. ¿Qué te costará la victoria?
Si por el Espíritu hacéis morir las obras de la carne, viviréis (Rom. 8:13).

Como yo, tienes algunos malos pensamientos y sentimientos en tu interior. No los puedes controlar ni contener ni ocultar durante mucho tiempo. Como yo, has intentado tus propias soluciones a medias. Y nada ha resultado, ¿correcto? Entonces, sabes lo que tiene que suceder.

Esas partes de ti que te arrastran hacia abajo una y otra vez deben *morir*, tal vez mil veces.

Una gran parte de alistarte para la batalla es entregar los lugares más oscuros de tu ser al Espíritu Santo. Él los conoce, de todos modos. Él no te despreciará. Las partes más oscuras de ti son, en realidad, donde Él te ama más. Pero llegó la hora de hacer morir, con Su ayuda, ese pecado que te detiene de entregarte por completo a Jesús. Ya hace tiempo que debes celebrar un funeral bastante personal. El Espíritu te dará el valor y la sabiduría para luchar y luchar y luchar hasta que ganes.

«Hacer morir las obras de la carne», para mí, comienza con estar alerta en mi mente cada día. A veces se pone intenso.

Hace varios años, escribí un libro sobre el matrimonio y me encontré en una constante lucha en mi interior. Nadie pudo haberlo adivinado. No obedecí la tentación, gracias al Señor. Pero esas batallas campantes en mis pensamientos, esas tentaciones intrusivas en mi mente, parecían un combate mano a mano cada día. ¡Mientras escribía el libro sobre el *matrimonio*! Cuando finalmente terminé el libro, de alguna manera, la intensidad simplemente se desvaneció. Pienso que gané.

Solo pude agradecer a mi poderoso Aliado, al Espíritu Santo, por llevarme hasta el final. Pero no saqué la champaña. Solo me encontré *aliviado*. Para mí, «hacer morir las obras de la carne» no fue como la celebración tras ganar un Supertazón, con una fiesta de gala. Fue más como cuando las nubes se abren, el sol se abre paso entre ellas, finalmente desciende y me deja en paz. Las tentaciones continuaban asaltándome, pero yo seguí clamando al Señor. No es una técnica que haya dominado. Solo fue el miedo puro que me empujaba a Cristo vez tras vez. Y Él no me soltó. Sentía que nunca terminaría. Pero terminó. Él se aseguró de eso. Así que yo puse a Sus pies mi corona de victoria, por supuesto, porque mi parte en realidad fue sencilla: simplemente mantenerme volteando a Él, momento a momento.

Tú tienes tus propias historias que contar sobre cómo Él también te ha ayudado. E intercambiaremos nuestras historias de guerra así en las fiestas en el cielo durante mucho, mucho tiempo. Entonces, ¡*sí* sacaremos la champaña! Pero, por ahora, sigamos luchando como si nuestra vida dependiera de ello, porque así es. Aferrémonos obstinadamente a Jesús como nuestra única esperanza, porque lo es. Y tenemos a Su Espíritu que nos ayuda a «hacer morir las obras de la carne». Él es experto en eso.

C. S. Lewis, en su libro *El gran divorcio*, pinta una ilustración del poder redentor de nuestro Señor para hacer morir el pecado. La historia que narra (¡y es excelente!) va algo así. Algunas personas del infierno se les permite tomar un autobús hasta las afueras del cielo, para ver si quisieran quedarse. Ellos se bajan del autobús y se encuentran en un hermoso valle, con el cielo sobre las montañas en el este. Los visitantes del infierno se sorprenden de que, comparados con lo normales que se veían abajo, ahora parecen transparentes, como fantasmas. Y los seres celestiales que vienen a hablar con ellos son sólidos, grandes y radiantes.

En un punto de la historia, un hombre del infierno camina con un pecado particular en su hombro: la *lujuria*. Es un lagarto pequeño y rojo que descansa sobre su hombro y que mueve su cola mientras le susurra mentiras en el oído. Puedes darte cuenta de que el hombre odia la vergüenza que le produce, odia su incesante palabrería, pero no lo puede dejar ir. Es una relación del tipo: no puedo vivir *con* él pero tampoco *sin* él. Así que el hombre se da la vuelta de las montañas y mantiene su distancia del cielo.

Una voz le llama: «¿Te vas tan pronto?». ¡Es un ángel! El hombre admite que sí, que su mascota («este amiguito», lo llama), no pertenece en verdad aquí. El lagarto le prometió quedarse callado durante el viaje, dice, pero simplemente no se calla. Así que ahora van de camino de regreso al infierno, a donde pertenecen.

—¿Quisieras que lo callara? —pregunta el ángel.

—Claro que sí —responde con honestidad el fantasma.

—Entonces, lo mataré —dice el ángel, y da un paso adelante, listo para actuar de inmediato. El fantasma se pone como loco y se lanza hacia atrás como un chillido de terror. ¡Él no está listo para algo tan drástico como *matar* a su pequeño amiguito!

Lo que sigue entonces, durante un rato, es que el hombre balbucea y entremezcla excusas y evasivas, mientras que el ángel, con sinceridad, ofrece repetidamente matar al miserable lagarto.

—¿No lo *quieres* muerto? —el ángel lo presiona.

—Bueno, eh...

—Es la única manera —explica el ángel.

—Eh, ¿de verdad? No estoy tan seguro...

—¿Puedo matarlo? —pregunta el ángel una y otra vez. Pero el hombre no puede creer que necesita un remedio tan extremo. Él quiere su mascotita tranquila y dominada, pero no muerta. Sin embargo, el ángel continúa insistiendo en que no hay otra manera—. Entonces, ¿puedo matarlo?

Finalmente, el hombre se enoja y se pone a la defensiva. Sus sentimientos se encuentran lastimados. Dice que el ángel lo está humillando. Dice que se está burlando de él. Dice que lo está presionando a hacer algo en contra de su voluntad.

—No, para nada —dice el ángel—. No puedo matarlo en contra de tu voluntad. Pero sí puede terminarse, con una decisión despedazadora.

—Bien, ¡está bien! —accede finalmente el hombre, con un gemido—. Hazlo. Haz lo que quieras. Solo termina con esto—. Aunque está aterrado de separarse de su pequeño placer.

Con un giro repentino de sus poderosas manos, el ángel le exprime el aliento al sucio lagarto y lanza su cuerpo sin vida al suelo. El hombre se tambalea y grita en agonía como si él mismo estuviera muriendo.

Luego, todo se queda en silencio. ¿Es ese el final? ¿Mueren los dos? No.

De pronto, ese mismo hombre que había sido débil y quejumbroso se pone de pie con valor. Un hombre *nuevo*, noble, formidable, marcado con fuerza, radiante con gloria. Y ¿el lagarto? En lugar de estar muerto, se levanta también como algo nuevo —un corcel blanco, que sacude su cuerpo marcado con músculos junto a su crin dorada, y saluda a este nuevo hombre y se pone a su disposición como un majestuoso sirviente.

Más rápido de lo que puede explicar el narrador, el hombre y el caballo se lanzan a pleno galope, no hacia el infierno sino hacia el cielo, sobre las montañas, a través de pendientes imposibles, «más rápido a cada momento, hasta que, cerca del tenue horizonte, tan alto que tengo que estirar mi cuello para verlos, desaparecen, brillantes, hacia el resplandor rosado de esa eterna mañana».[7]

Hijo mío, lo que sea que el Espíritu mata dentro de ti, también lo levanta a nueva vida, mejor que la anterior. Él no te pide que pierdas tu sexualidad. Él te pide que obtengas tu verdadera sexualidad, tu sexualidad gloriosa, masculina, llena de propósito y de vida. La lujuria que te rehúsas a soltar es una sexualidad «lagartesca», extraña, pretenciosa, un pequeño recuerdo de tu Fantasíalandia que te miente y te mantiene encerrado en vergüenza. Hacerla morir por el poder de vida del Espíritu Santo significa que la aventura real puede ser tuya —hijo mío, la aventura maravillosa de volver a centrar tu vida alrededor de planear cosas nobles, defender cosas nobles, comenzando por tu sexualidad. Jesús murió y resucitó para darte nada menos que un magnífico nuevo tú. Pero no puedes arrastrar tus viejas fantasías a Su nueva vida. Tienen que morir. Merecen morir. Y ahora es el momento.

¿Qué tienes que perder? ¿Esa sexualidad lagartesca que te apapacha y te susurra tentaciones? Mátala. Tan a menudo como sea necesario. Pídele al Espíritu Santo que te ayude. *Él lo hará.*

Entonces, sin importar cómo te llame Jesús a luchar por Su nuevo mundo de nobleza, serás libre para responder el llamado, con gozo, con decisión, una y otra vez.

Porque estás listo,
Ray

---

[7] C. S. Lewis, *The Great Divorce* (New York: Simon and Schuster, 1996), 96-101. Italics original.

Capítulo 5

Podemos trabajar juntos

QUERIDO HIJO:

No recuperarás tu integridad solo por ti mismo. Pero puedes florecer (todo varón puede florecer) en una fuerte hermandad con otros varones. Tu vida realmente contará como parte de un enorme ejército. No necesitas ser un superhumano. Puede que seas un torpe como yo. Pero lo importante es que juntos avanzamos torpemente hacia Jesús. Y Él nos hace fuertes. Así es como tú, junto con tus hermanos, pueden crear un mundo de nobleza. *Al avanzar hacia adelante, hombro con hombro, pueden matar de hambre aquella Bestia depredadora: la industria de la pornografía.*

Mi querido padre lo entendió: «Escoger ir solo es invitar con seguridad el fracaso».[1] Y aquí está *por qué* volar solo inevitablemente hará que te estrelles. Tu enemigo no es solo un problema aquí y allá. Lo que está mal es nada menos que una cultura entera de abuso y violación. Lo que necesitamos ahora es nada menos que una creciente contracultura de integridad y nobleza. Así es

---

1 Raymond C. Ortlund, *Lord, Make My Life a Miracle!* (Ventura, CA: Regal, 1974), 60.

como el impacto de tu vida puede alcanzar proporciones históricas. Tú *puedes* construir ese nuevo mundo de nobleza.

Pero no por tu propio alardeo y agresividad. Dios lo logrará por Su estrategia débil y loca: la cruz (1 Cor. 1:25). Así, tu primer paso es permitir que Jesús sea el único Héroe en tu historia. Una vez que eso esté decidido, simplemente haz algo. Comienza con algo pequeño y crece desde allí. Comienza con reunirte con otros varones y continúen reclutando a otros hasta lentamente agrandar el círculo de hermandad. Muchos varones anhelan vivir para algo inspirador. Ofréceles esa oportunidad.

En esta carta, quiero dibujar una ilustración de esa nueva hermandad. No estoy hablando de «rendición de cuentas» como algunos la practican. La rendición de cuentas puede ser forzada, autoritativa, impaciente, vergonzosa y torpe. Odio eso. Tampoco estoy hablando de ningún método con fórmulas para superarnos a nosotros mismos y salvar al mundo. El progreso real no es sencillo ni automático. Lo que ayuda a uno puede no ayudar a otro. Pero Jesús nos ofrece la sabiduría de Dios para llenar de poder a todo varón, sin importar quién sea. En otras palabras: «La ayuda y el cambio siguen un camino, no un guion».[2]

Así que, permíteme describir el camino que puede ayudarte a ti y a todo varón que conozcas: una hermandad real que inyecta oxígeno a varones exhaustos, que inspira esperanza a varones derrotados, que otorga confianza a varones escépticos y que les muestra que el cielo es el límite de lo que pueden lograr.

Juntos, «combatiendo unánimes» (Fil. 1:27), pueden comenzar a experimentar, no solo una comunidad, sino también un nuevo

---

2 «Who Is CCEF?» (brochure, 2020), point 5. *The Christian Counseling and Education Foundation* en Filadelfia es un centro de recursos para entender cómo funciona la vida en realidad. Ver ccef.org [disponible en inglés].

tipo de comunidad, una seguridad amable y de pertenencia en un mundo de poses y de máscaras. Hombres que se atrevan a abrirse y a ser honestos unos con otros; hijo mío, si te atreves a unirte, puede convertirse en tu experiencia más vivificante hasta ahora. *Jesús mismo estará allí entre ustedes.* Él no convive con los importantes ni con los poderosos. Pero sí *ama* acercarse a aquellos que han llegado a lo más profundo del pozo «para hacer vivir el espíritu de los humildes, y para vivificar el corazón de los quebrantados» (Isa. 57:12). Ve hasta lo más profundo. Él te está esperando allí. Trae a otros varones contigo. Jesús los refrescará a todos. Y Él te enviará a ti y a tus hermanos en Su misión de «poner en libertad a los oprimidos» (Luc. 4:18).

Por eso, *es imposible que puedas fracasar*. Jesús construye Su nuevo mundo de nobleza, no con hombres que exhiben sus virtudes, sino con hombres que admiten sus fallas. Lo único que necesitamos para calificar con Él es dejar de pretender. Estoy tan harto de hacerlo. Creo que tú también lo estás.

Este es el pasaje clave que nos guiará hacia Su nueva hermandad:

Confesaos vuestras ofensas unos a otros, y orad unos por otros, para que seáis sanados (Sant. 5:16).

Tres cosas resaltan aquí: confesión, oración y sanación. Cuando los hombres pecadores salimos a la luz, el poder de Dios desciende sobre nosotros y la sanidad comienza a extenderse desde allí.

1. Confesión

No superamos nuestros pecados por una fuerza de voluntad heroica. Los matamos al *confesarlos*. «Confesaos vuestras ofensas unos a otros», esa es la manera de llegar a la sanidad. Por tanto, traguémonos nuestro orgullo. Comencemos a confesar y sigamos confesando[3] a un hermano que comenzará a orar y continuará orando hasta que el poder de sanación de Dios descienda sobre nosotros y sobre otros a nuestro alrededor, hasta lo último de la tierra.

Dar el primer paso puede ser difícil. Extremadamente difícil. Mi hijo Gavin, tras leer *The Four Loves* [Los cuatro amores] de C. S. Lewis, lo dijo bien: «El amor sexual requiere que te quites la ropa. El amor filial requiere que hagas algo más difícil, que te quites la máscara». Es humillante admitir cómo estamos en realidad, ¿no es cierto? Pero, si has de cambiar, si el mundo ha de cambiar, debe comenzar aquí con nosotros, confesando nuestros pecados. Al menos otro varón *debe* conocer lo que no está funcionando en tu vida y lo que estás enfrentando en realidad en lo más profundo de tu ser. ¿Quién es ese en quien confiarás a un nivel tan profundo? ¿Quién es ese hermano sólido en tu ciudad con quien puedas hablar con franqueza sobre tus fallas más dolorosas?

Así es como desafiamos nuestra vergüenza. *Así* es como comienza la libertad y nos conquista. Al confesar nuestros pecados reales a hermanos reales, descubrimos lo *dulce* que es Jesús con los hombres quebrantados que finalmente están listos para ser sanados. Su bondad tranquilizadora, hecha visible para ti en tus hermanos, es la razón por la que puedes de verdad salir de tu escondite y nunca volver allí.

Confesar tus pecados solo a Jesús no es tan difícil, ¿no es así? Eso es algo bueno que debes hacer, no me malentiendas. Pero ¿acaso te libera en gran manera la confesión privada solo a Él? Confesar tus pecados abiertamente a hermanos que respetas es diferente. Es como *morir*. Destruye la imagen falsa de ti mismo que has estado proyectando. Pero cuando comienzas a revelar

---

3 E. H. Plumptre, *The General Epistle of St. James* (Cambridge: Cambridge University Press, 1901), 105: «El tiempo gramatical de los imperativos implica una acción continua».

el varón enfermo de pecado que en verdad eres, Jesús mismo se vuele más real. Y tú mismo te vuelves más real. Y la hermandad se vuelve más real. Puedes exhalar y relajarte, porque finalmente *perteneces*. Y la pornografía comienza a perder su fuerza.

«Confesaos vuestras ofensas unos a otros» nos lleva a una pregunta evidente. *¿A quién debes confesar tus pecados?* Tal vez no crees en la confesión de la manera que la Iglesia católica romana la practica. Muy bien, pero ¿cómo *confesarás* tus pecados? O los confiesas o los reprimes. ¿Cuál de esas dos estrategias te *ayudará* en verdad? ¿Cuál de esas dos ayudará *al mundo*?

El hecho en sí mismo de que retengamos la honestidad unos con otros debe ser notado. La vergüenza tiene un poder que nos ata. El pecado ofrece una carnada, pero oculta el anzuelo. El placer dura por un poco de tiempo, pero el remordimiento dura por mucho tiempo. Conocemos suficiente cristianismo para sentirnos mal por nuestros pecados, pero no conocemos lo suficiente a Jesús para sentirnos perdonados. Lo que finalmente nos libera no es un misterio. Está aquí en lenguaje claro: «Confesaos vuestras ofensas unos a otros».

Por esto puedes aceptar el reto: Ese pecado que ha clavado sus garras en ti y que no te deja ir, *ese* pecado, tu *peor* pecado, Jesús se desangró para lavarlo. Ese episodio de fracaso, ese momento de traición, allí es donde Él te ama, no menos, sino más. Jesús no es un gurú de vida para ganadores que quieren mejorar su desempeño; Él es un rescatista de perdedores que están desperdiciando su única oportunidad de vida. Él convierte depredadores egoístas en rescatistas nobles. Solo Él puede hacer eso. Y a Él le *encanta* hacerlo. Él anhela hacerlo por ti y por cada varón que conoces.

Cuando los varones pecadores venimos a Su presencia para confesar, Él nos une como la hermandad de Su cruz. Nuestro pecado más inexcusable, una vez clavado en Su cruz ensangrentada, pierde para siempre su poder de condena. ¿Eres pecador, pero confías en

Jesús? ¡Entonces ya no vas al infierno! Ya no hay condenación para ti (Rom. 8:1). Así que, ahora, puedes enfrentar lo que sea. Podemos enfrentarlo juntos como hermanos y no esconder nada de Él ni de los demás. ¿No es ese el espacio vital que anhelabas?

Hijo mío, puedes ser impresionante o puedes ser transparente, pero no puedes ser ambas cosas. Y, si escoges seguir siendo impresionante y continúas quitando tus pecados reales de la vista, no solo quedarás desconocido para otros varones a tu alrededor que pudieran ayudarte, sino que además comenzarás a transformarte tú mismo en un hombre diferente. A medida que pasan los años, todo varón que le abre espacio en su alma a la pornografía comienza a convertirse en un *enemigo* de la integridad. Se endurece hasta convertirse en un *aliado* de la industria pornográfica, al mismo tiempo que se cree un tipo decente. Pero cada clic suyo reprime los clamores de dolor que se levantan de ese sufrimiento. Él no se da cuenta de que está diciéndoles a las víctimas que se callen, les está diciendo a sus hermanos que se retiren y le está diciendo a Jesús mismo que voltee Su mirada, hasta que ha ido tan lejos que ya *no puede* detenerse.

Hijo mío, no quieres convertirte en ese hombre. ¡Es tiempo de ser libre *ahora*!

Entonces, ¿quién es ese hermano cristiano que conoces, ese varón que no busca lo suyo propio, a quien puedes y debes confesarle tus pecados? Y, no quiero decir ocasionalmente, cuando las cosas se ponen lo suficientemente malas, sino regularmente, semanalmente. Decide ahora hacer de la confesión honesta tu «nueva normalidad». Escucharás la voz de Jesús, a través de tu hermano, que te dice de nuevo: «Ni yo te condeno; vete, y no peques más» (Juan 8:11). Te sentirás un nuevo hombre. Al final, poco a poco, el mundo entero comenzará a sentirse nuevo otra vez. La debilidad de la honestidad es tu superpoder que no puede ser derrotado por las mentiras de la pornografía.

En su libro clásico, *Life Together* [Vida en comunidad], Dietrich Bonhoeffer nos guía hacia esta hermandad de vida. Aquí están las cosas más importantes de la sección clave:

- La confesión es la entrada para experimentar la hermandad real;
- Pero el pecado quiere mantener al varón aislado, retraído y solo;
- Mientras más aislado esté un varón, más destructivo se vuelve su pecado;
- Al confesar, la luz del evangelio puede iluminar sus lugares más oscuros;
- Cuando el varón finalmente se rinde y se abre, su pecado comienza a debilitarse;
- El hermano que recibe la confesión de este varón comienza a sobrellevar su pecado con él;
- Ahora, ambos son pecadores honestos en profunda hermandad;
- El varón que vive en una confesión continua jamás estará solo otra vez.[4]

¿Por qué no pasar el resto de tu vida en construir esta hermandad liberadora con otros varones, a dondequiera que vayas? Comienza hoy. Ve y llama a ese hermano en quien confías. Dile lo que has estado anhelando. Dile sobre Santiago 5:16. Pídele que te permita confesarle tus pecados. Sí, sé así de honesto. E invítalo a confesarte sus pecados a ti. Asegúrale que todo lo que hablen quedará encerrado en la caja fuerte de su amistad, como un asunto de confianza sagrada.[5] Él accederá gozoso, porque se sentirá digno de confianza y honrado. Después, júntense lo más pronto posible.

---

4 Dietrich Bonhoeffer, *Life Together* (New York: Harper, 1954), 112-113.
5 Puede ser legalmente necesario que se informe a la policía lo que un hombre confiesa. O puede ser bíblicamente necesario que se informe a los líderes de la iglesia lo que un hombre confiesa. Este tipo de divulgación rara vez es necesaria. *Pero esto también es parte de ser hombres de integridad que construyen un mundo de nobleza.*

Cuando se junten, no pierdan el tiempo. Vayan directo al punto. Lean Santiago 5:16 en voz alta. Luego, dile a tu hermano: «Estos son mis peores pecados esta semana». Exponlo allí, lo más vergonzoso, hasta que ya no tengas nada que ocultar. Luego, dile: «Por favor, ora por mí». Él lo hará.

Luego, intercambien papeles. Él te dice: «Aquí está mi desastre». Lo expone completo. Y luego: «Por favor, ora por mí». Y hazlo.

Después, lean tal vez juntos un pasaje como Salmos 32, Isaías 55:6-7 o Juan 8:2-11. Y exhalen. Y descansen. Y den gracias. Ambos están ahora en las manos bondadosas del Señor.

¿Cómo puede ser que algo así salga mal?

Finalmente, comprométanse a un tiempo la siguiente semana para volverse a juntar. Cuando se despidan, caminarán ambos en un nuevo camino, lleno de nueva integridad y de creciente nobleza.

No es nada del otro mundo. Es sencillo. Debe ser sencillo si es que ha de funcionar. La parte más difícil es tragarnos nuestro orgullo, ¿no es así? Pero el avivamiento que esperamos ver en nuestra generación no comenzará cuando las estrellas pornográficas admitan las cosas malas que están mostrando. Comienza cuando nosotros, los varones cristianos, admitimos las cosas malas que estamos ocultando. *Somos cómplices. Pero también podemos ser los que organizan el rescate.*

2. Oración

Aquí está el siguiente paso. De nuevo, Santiago 5:16 dice: «Confesaos vuestras ofensas unos a otros, *y orad unos por otros*, para que seáis sanados» (énfasis del autor). Oramos porque la integridad es un milagro. Así que, ¿cómo es este tipo de oración?

El versículo no dice: «arreglaos unos a otros», ni siquiera: «aconsejaos unos a otros», aunque un buen consejo puede ayudar. Sino que Dios quiere que *oremos*. El versículo continúa diciendo: «La *oración* eficaz del justo puede mucho». Nosotros no tenemos ese poder. Dios sí. Y Él lo da a los varones débiles que oran.

La oración no nos parece poderosa, pero es la manera en que experimentamos lo que solo Dios puede hacer. La oración *eficaz* del hermano tiene un gran poder, dice aquí la Biblia. El siguiente versículo nos coloca delante de la Exhibición #1: un hombre débil como nosotros que puso manos a la obra con Dios: «Elías era hombre sujeto a pasiones semejantes a las nuestras, y oró *fervientemente* […]» (Sant. 5:17, énfasis del autor). ¡Y funcionó!

Ese tipo de oración está preaprobada. A Dios le gusta. Él no espera que tus oraciones sean elocuentes. Con Dios, lo único que tienes que hacer es orar desesperadamente. Sus oraciones unos por otros como hermanos pueden ser tan sencillas como la siguiente:

Señor, estoy aquí con mi hermano. Está hecho un desastre, y yo también. Pero tú nos amas. Así que venimos a ti.

Mi hermano acaba de confesar un pecado grave. Está asustado. Yo también. Pero tú enviaste a Jesús a morir una muerte grave por nosotros. Y lo que queremos no es solo ser perdonados. Queremos convertirnos en hombres de integridad que construyen un mundo de nobleza.

Queremos debilitar la grave maldad que nos asedia a nosotros y a este mundo, la industria de la pornografía. Pero ¿cómo podremos liberar a otros si nosotros mismos seguimos esclavizados? Señor, ¡libera a mi hermano! ¡Dale poder con más gracia de la que jamás ha conocido antes! ¡Conviértelo en una poderosa fuerza para destruir las fortalezas de opresión! ¡Restáuralo para guiar a *muchos* heridos hacia los verdes pastos y las aguas de reposo!

Y, Señor, al pedirte que hagas esto, te confieso que es lo que quiero también para mí. Estoy por completo con mi hermano. Nunca lo abandonarás ni lo desampararás, y tampoco yo. Así

que, no es la última vez que escuchas esto de mis labios. *Nunca me daré por vencido con mi hermano.*
Allí está, Señor. Esa es mi oración. Gracias. En el santo nombre de Cristo.
Amén.

Claro está que no tienes que utilizar estas palabras. Lo que cuenta es tu sinceridad. Pero cualquier varón puede orar fervientemente si cree en Dios, ama a su hermano y quiere hacer de este mundo un lugar mejor. Dios ha *prometido* Su poder de sanación en respuesta a nuestras oraciones.

Lo que nos lleva al tercer punto.

3. Sanación

«Confesaos vuestras ofensas unos a otros, y orad unos por otros, *para que seáis sanados*». No necesitamos ser regañados, pero de seguro sí necesitamos ser sanados; necesitamos ser sanados milagrosamente desde lo alto. Es lo que Dios *ama* darles a los varones que están hastiados de su egoísmo consentido.

Sí, Santiago 5:16 se trata de sanar nuestras enfermedades literales y físicas. Sabemos eso por los versículos 14-15. Pero los versículos 17-18 amplían el poder de la oración a todas nuestras enfermedades del alma, a todas nuestras heridas y nuestros traumas, a todas nuestras más profundas angustias y nuestros remordimientos, a todo lo que nos reprime.[6] Y no hay fin para la sanación que Dios puede dar.

Por ejemplo, ¿qué tal si, en respuesta a tu oración, comienzas a sentirte perdonado por Dios? ¡Qué sanación! ¿Qué tal si, en

---

6 Thomas Manton, *A Commentary on James* (Edinburgh: Banner of Truth, 1988), 462: «*Para que seáis sanados*: La palabra *sanados* se utiliza en muchas ocasiones e implica libertad de enfermedades tanto del alma como del cuerpo, y el contexto permite ambas interpretaciones» (estilo actualizado).

respuesta a tu oración, comienzas a sentirte limpio por dentro, como un niño otra vez? ¡Más sanación! ¿Qué tal si, en respuesta a tu oración, comienzas a emocionarte de nuevo por tu futuro? ¡Aún más sanación! ¿Qué tal si, en respuesta a tu oración, la voz vergonzosa en tu interior que te dice que no vales nada se calla sus mentiras porque el Espíritu Santo te dice que tienes valor? ¡Sanación extrema!

Un hombre honesto en una hermandad de oración está colocado precisamente donde Dios ha prometido que Su bondadosa sanación fluirá. Y ese hombre y sus hermanos pueden juntos convertirse en un movimiento sanador en nuestro mundo de sufrimiento. Esa es una causa que podemos defender, ¿no es así?

¿Qué tal si, durante los siguientes diez años, nuestro Rey resucitado reúne varones de todo el mundo en grupos pequeños para un nuevo estilo de vida de confesión honesta y de oración sanadora? ¿Qué tal si Su poder de vida comienza a fluir de esos varones para sanar a muchos otros? ¿Qué tal si una gran ola de sanación de lo alto nos inunda a *todos* nosotros? ¿Qué tal si un nuevo mundo de nobleza comienza desde lo más bajo y se mueve hacia arriba? ¿Qué tal si, allí abajo donde menos nos lo esperamos, nuestro Rey se muestra con gracia y misericordia para aquellos que se ven a sí mismos como sucios y condenados? ¿Qué tal si, dentro de diez años, miramos todos alrededor y decimos: «¡Vaya, no vimos venir eso!». *¿Qué tal si Jesús nos visita con un gozo que nos limpie y nos refresque, un gozo que ahora mismo ni siquiera creemos que sea real?*

Hijo mío, puedes ser parte de ese gran milagro. No pienses por un segundo que Dios no te puede sanar. Ponlo a prueba. Pon Santiago 5:16 a prueba. Te sorprenderás de lo que comienza a moverse en ti a medida que expones tu desastre en la confesión y escuchas a tu hermano orar, rogar y clamar por ti. El nuevo mundo de nobleza de Dios comenzará a ser real aquí mismo donde te encuentras.

Pero comienza con humildad, incluso con vergüenza. Te sinceras con tu hermano, confiesas tus pecados, con un lenguaje directo, sin ocultar nada. Tu hermano escucha. No te interrumpe. Es posible que llore. Pero escucha en silencio hasta que termines. Entonces, amablemente, te pregunta: «¿Hay algo más?». Si hay algo más, continúa hasta que no quede nada que ocultar. No es fácil, en especial si nunca has permitido que alguien entre en tu corazón de esta manera. Pero no morirás. Te sentirás desahogado, hasta esperanzado. Y luego, es probable que tu hermano se arrodille y ore. Orará fervientemente no solo para que te portes mejor, sino también para que seas sanado, liberado, vivificado de nuevo por el poder de Jesús.

Y la historia comenzará a cambiar. ¿Por qué? Porque, cuando nos mostramos con sinceridad al Señor, Él se muestra con sinceridad a nosotros. Su gran corazón es movido por nuestro corazón quebrantado y nuestra oración sencilla. Y Él se moverá hacia ti y comenzará a tocar esos lugares de mayor dolor, de la manera que Jesús tocó a ese hombre con lepra hace tanto tiempo (Mar. 1:41). La enfermedad de ese hombre lo había desfigurado, pero Jesús no sintió asco. Su enfermedad lo volvía repugnante, pero Jesús no se alejó. El poder de la enfermedad de ese hombre pudo haberse contagiado con facilidad a los demás, pero el poder de sanación de Jesús con mayor facilidad contagió a ese hombre. ¿Qué marcó la diferencia? Jesús, dice la Biblia, tuvo «misericordia de él».

Su corazón no ha cambiado. Tu necesidad no ha cambiado. Y, por ti mismo, nunca podrás cambiar. Pero la oración de tu hermano acerca al Sanador, allí a donde más lo necesitas. Así que, ¿por qué no lo pruebas?

Satanás alardea cuando tu conciencia te castiga sin misericordia. Mientras más vergüenza sientas, más te inmovilizarás y, así, nunca tendrás el valor para luchar. Pero Dios quiere que tu conciencia esté limpia y desafiante. Así que aquí está un poco de sabiduría de Martín Lutero, que conocía cómo luchar contra la vergüenza. Cuando los viejos pensamientos acusadores regresan y desean robarte tu paz y tu gozo, Lutero explica cómo devolverle al diablo sus acusaciones en su despreciable cara:

> Cuando el diablo nos dice que somos pecadores y que, por tanto, estamos condenados, podemos contestar: «Porque tú dices que soy pecador, seré justo y salvo». Entonces el diablo me dirá: «No, serás condenado». Y yo le responderé: «No, porque yo corro a Cristo, quien se ha dado a Sí mismo por mis pecados. Por tanto, Satanás, no prevalecerás contra mí cuando trates de atemorizarme con lo grande de mis pecados e intentes reducirme a pesadez, desconfianza, desesperación, odio, desdén y blasfemia. Al contrario, cuando dices que soy pecador, tú mismo me das la armadura y las armas para abrir tu garganta con mi espada y pisotearte bajo mis pies, porque Cristo murió por los pecadores. Mi pecado está sobre Sus hombros, no sobre los míos. Así que, cuando dices que soy un pecador, no me atemorizas, sino que me consuelas sobremanera.[7]

Hijo mío, ¡nunca te humilles ante ese pobre perdedor, ese desgraciado mentiroso, tu enemigo el diablo! Por tu obstinada fe en Cristo, levántate y defiende tu libertad ganada por sangre. De nuevo, Martín Lutero nos enseñó qué hacer:

> Cuando el diablo te eche tus pecados en la cara y te declare que mereces la muerte y el infierno, debemos hablar así: «Yo admito que merezco la muerte y el infierno. ¿Y qué? ¿Significa eso que seré sentenciado a condenación eterna? De ninguna manera. Porque yo conozco a Aquel que sufrió y que satisfizo la justicia

---

[7] Martin Luther, *Galatians* (Wheaton, IL: Crossway, 1998), 40-41.

en mi lugar. Su nombre es Jesucristo, el Hijo de Dios. Donde Él esté, yo también estaré».[8]

¿Qué puede responder Satanás ante eso? Y tú puedes avanzar en confesión y oración. ¡Adelante, caballero *jedi* del evangelio! En esta vida, tu sanación no será perfecta. Tendrás contratiempos. Pero, con Jesús, incluso tus fracasos terminarán volviéndote más aguerrido, más determinado, más imparable. Al caminar en Sus caminos, tú y otros hombres de integridad pueden construir Su mundo de nobleza.

Ya tienes a Jesús. Y tienes a tu hermano. Tienes la oración. Ahora, ¡comienza a experimentar el poder sanador de Dios!

Se pone aún mejor, más profundo, más ancho. Permíteme dibujar una ilustración.

A medida que experimentas una verdadera hermandad con otro varón, comienzan los dos a soñar con traer a otros varones. Compártanles lo que están experimentando. Platíquenles la historia de los nuevos pasos de valentía que están tomando. La mayoría de los varones se sentirán intrigados. Alrededor hay varones que están listos ahora mismo para unirse, para asincerarse y para marcar una diferencia. Encuéntralos y tráelos.

Cuando tu grupo comience a reunirse, siéntense en un círculo juntos, no por hileras como en un salón de clases. Ayudará si actúas como facilitador con amabilidad. Sabrás cuándo hablar y guiar y cuándo mantenerte callado y dejar que fluya.

Tu meta es que, cuando termine la reunión, cada varón salga con dos experiencias frescas: *uno*, ha descargado su corazón y se ha orado por él; *dos*, ha escuchado a otros varones descargar su corazón y él

---

[8] Theodore G. Tappert, ed., *Luther: Letters of Spiritual Counsel* (Philadelphia: Westminster, 1955), 86-87.

ha orado por ellos. Cada varón recibe ayuda y cada varón brinda ayuda. Ninguno acapara el tiempo y ninguno se queda fuera.

Para comenzar su tiempo juntos, da la bienvenida a los varones y comiencen con un versículo alentador de la Biblia. No una conferencia bíblica. Mientras menos palabras, mejor. Simplemente abre tu Biblia y lee alguna promesa bastante alentadora. Salmos 34:18, por ejemplo: «Cercano está Jehová a los quebrantados de corazón; y salva a los contritos de espíritu». En una sola oración, explica a los varones lo que te gusta del versículo y cómo te ayuda. Luego, invítalos a añadir sus pensamientos. Luego pídele a alguien que ore y que invite la presencia real de Dios entre ustedes. Finalmente, antes de comenzar, lee Santiago 5:16 como el único punto en la agenda para la reunión. Luego, puedes abrir con: «Bueno, ¿quién comienza?». ¡Y que comience la hermandad!

Allá cuando el Primer Gran Avivamiento recorría el mundo entero, los líderes juntaban a la gente en grupos pequeños como los que estoy sugiriendo. Trazaron algunas «reglas básicas» para cómo estos grupos pequeños pueden ayudar a vivificar a la gente. Aquí está una:

10. Que cada uno, en orden, hable de manera tan abierta, clara y concisa como pueda del estado real de su corazón, con sus diferentes tentaciones y liberaciones, desde la última reunión [...].[9]

Lo que hacía increíble la experiencia no eran las reglas, sino el estado real de sus corazones. Y no entraban en una espiral descendente hacia el egocentrismo. Sí, hablaban sobre sus tentaciones. Pero también hablaban sobre sus liberaciones, las maneras como el Señor los ayudaba. Eso es importante. La hermandad verdadera

---

9 John Simon, *John Wesley and the Religious Societies* (London: Epworth, 1921), 196-198, quoted in Raymond C. Ortlunt, *Let the Church Be the Church* (Waco, TX: Word, 1983), 75.

es más que empatía humana. Es un milagro divino. ¡No es de sorprender que se vuelva viral!

Tu hermandad puede volverse viral. Puede multiplicarse y saltar sobre barreras fácilmente, alcanzar a varones en lugares alejados, varones que tal vez nunca conozcas en esta vida. Pero, en nuestro mundo enfermo, la sanación es una fuerza poderosa. Tu nueva libertad de corazón puede correr, por la gracia de Dios, y alcanzar aun los lugares más oscuros de la pornografía. Dios puede lograr eso a través de ti, el verdadero tú, junto con otros varones verdaderos.

Ah, rápidamente, una cosa más. Es importante. Guarda un espacio al final de su reunión para un «tiempo de honra». La Biblia dice: «Deléitense al honrarse mutuamente» (Rom. 12:10, NTV). Es una competencia, pero *todos* ganan. No estoy hablando de halagos, sino de un verdadero honrarse mutuamente. Así que, dices: «Bien, muchachos, antes de irnos, una cosa más. La Biblia dice: "Deléitense al honrarse mutuamente". Cada varón aquí es un hombre honorable; eso es certero. Todos lo vemos todo el tiempo. Así que hablemos de eso. ¿Quién primero?». Y uno podría comenzar así: «Jim, el jueves pasado por la noche cuando sentí deseos de mirar pornografía, te escribí y me llamaste y platicamos hasta que finalmente logré alejarme de la orilla del precipicio. Gracias, Jim. Te honro». Y Jim puede responder: «No, ¡yo te honro a *ti*! Tuviste la integridad de escribirme. ¿Te das cuenta de cuánto respeta eso cada varón aquí? ¡Bien hecho!».

Cuando los varones son honestos, han recibido oración y han sido fortalecidos con honra mutua, puedes encontrar que será difícil detenerse. ¡Es tan poderoso!

¿Por qué no llamas a un hermano ahora mismo y comienzan?

Porque perteneces,
Ray

Capítulo 6

Podemos marcar un mundo de diferencia

QUERIDO HIJO:

Comenzaré mi última carta con una pregunta para ti y para mí: «En estos días de maldad excepcional, ¿estás haciendo algo excepcional? ¿O te has contentado con la misma rutina?».[1] Hagamos algo excepcional, sin importar el costo.

Tú y tus hermanos en verdad tienen una tarea excepcional delante de ustedes. Jesús los llama a construir un *nuevo mundo de nobleza*, hasta los límites de su influencia, durante el resto de su vida. Y Él está en la batalla con ustedes. Él no tiene un plan B, en caso de que ustedes arruinen el plan A. Él no los necesita para hacerlo a Él exitoso. Él se ha deleitado en el éxito de *ustedes*.

No solo eso (y esto es increíble para mí), sino que Jesús ya está presente en tu futuro. Tú y yo vivimos dentro de estos diminutos incrementos de realidad llamados «tiempo presente». Pero en Su eternidad, Él está igualmente presente en todo momento al mismo

---

1 Martyn Lloyd-Jones, *Revival* (Westchester, IL: Crossway, 1987), 169-170.

tiempo. Así que, día a día, Él te da la bienvenida cuando llegas y está listo para ayudarte a avanzar por Él. Y, ya que Él está en tu futuro ahora mismo, listo para ti, ¿por qué detenerte?

Este capítulo describe algunos caminos que puedes tomar para construir Su nuevo mundo. Es una lista de opciones y para nada está completa. ¿Hay algo aquí que llama la atención de tu corazón? O ¿qué me ha faltado por considerar siquiera? Jesús tiene algo importante que quiere que *tú* hagas.

Sí, conforme pase el tiempo, las maldades de este mundo presente empeorarán. Verás cosas horribles en tu época. Pero también verás cosas gloriosas. No le temas a la oscuridad. Esparce la luz. Estás del bando ganador. «La luz en las tinieblas resplandece, y las tinieblas no prevalecieron contra ella» (Juan 1:5).

De hecho, mientras peor se pongan las cosas, más varones querrán unirse. Verán en ti y en tus hermanos una alternativa de vida. Oro para que, por la gracia de Dios, *un millón de varones* se enlisten en Su causa noble.

Esta es la razón de mi gran confianza: no construimos nosotros el nuevo mundo; Jesús lo construye y Él nos da el privilegio de participar.[2] Por tanto, dale a Él la gloria por cada uno de tus éxitos. Pero no tienes que hacer que sucedan cosas buenas. *Él* lo hará, una y otra vez, hasta que Su nuevo mundo sea establecido por completo. «Porque la tierra será llena del conocimiento de la gloria de Jehová, como las aguas cubren el mar» (Hab. 2:14). Tu rol, en tu generación, es simplemente continuar, continuar y continuar. T. S. Eliot explicó lo liberador que es vivir de esta manera: «Para nosotros, solo se trata de intentar. El resto no nos corresponde».[3]

---

2 Doy gracias a Francis Schaeffer (1912-1984) por enseñarme esta confianza humilde.
3 T. S. Eliot, «East Coker», in *Four Quartets* (New York: Harcourt, Brace, 1943), stanza 5.

Me encanta. Esta es la razón: nadie es perfecto, pero tan solo el intento en sí mismo es noble. Así que sigue adelante y nunca te des por vencido. Y, cuando yo esté allá arriba con Él, estaré tan orgulloso de ti y me regocijaré en cada riesgo que tomes por Su causa.

Seguir a Jesús siempre implica riesgos, incluso peligros, *por supuesto*. «Peligros debe haber; ¿de qué otra manera ha de moverse una historia?».[4] La historia de tu vida será mucho más poderosa gracias a las dificultades que aceptes con valor. *¿Querrías* que fuera diferente?

La valentía que te ayudará cada día es definida con honestidad por Atticus Finch en *Matar un ruiseñor*:

> Quise que conocieras la verdadera valentía, en lugar de pensar que la valentía es un hombre con una pistola en la mano. Es cuando sabes que estás acabado incluso antes de comenzar, pero de todos modos comienzas y terminas sin importar las consecuencias. Rara vez ganas, pero a veces lo haces.[5]

¿Cómo puede ser diferente? Nuestra vida es un recuento de la historia de Jesús. Él murió, pero luego resucitó. Eso demuestra que Él puede convertir derrotas en victorias. Siempre recuerda eso, hijo mío. La muerte de la pornografía nunca sucederá por nuestra propia bravuconería, astucia, amenazas ni alarde. ¡La industria de la pornografía tiene éxito por la fraudulencia humana! La única manera en la que un mundo de nobleza puede reemplazar este mundo de depredadores es *la manera de Jesús*, a medida que lo sigues a Él hacia la muerte (Fil. 2:1-11). Estoy hablando

---

4 C. S. Lewis, «On Stories», in *Of Other Worlds: Essays and Stories*, ed., Walter Hooper (New York: Harcourt, Brace, 1966), 4.
5 Harper Lee, *To Kill A Mockingbird* (New York, Lippincott, 1960), 128.

de sacrificio, pérdida, humillación, fidelidad constante durante años, exponerte a ti mismo, tener en contra personas poderosas o incluso simplemente ser ignorado. Pero esos son *exactamente los lugares* donde Él te dará las experiencias de Su poder de resurrección y de vida. Nada en este mundo prepotente puede derrotar a tu gran Aliado. Puedo ver cómo tú y tus hermanos alcanzarán a miles de hombres y mujeres, cómo pagarán el precio por hacerlo, cómo ellos descubrirán su propia realeza y cómo ustedes, varones, serán capaces de decirles con gozo: «Así que vivimos de cara a la muerte, pero esto ha dado como resultado vida eterna para ustedes» (2 Cor. 4:12, NTV). ¡Qué privilegio! De esta manera, aun el mundo de la pornografía puede ser transformado en un mundo de nobleza. Sigue a Jesús hasta la muerte y la resurrección, una y otra vez. Funcionó para Él. Y funcionará para ti. Él se asegurará de eso.

Entonces, cuando pierdas terreno (hasta los mejores equipos pierden yardas a veces), coloca tu confianza en *Aquel que regresó de la muerte*, levántate de nuevo y continúa hacia adelante. Un día se convertirá en un año, un año se convertirá en otro y pronto serás un anciano como yo. Mirarás alrededor al vasto ejército de hombres de integridad que, junto contigo, construyen un mundo de nobleza con *multitudes* de hombres, mujeres, niños y niñas recién traídas a la vida por Jesús. Te encontrarás asombrado, y extremadamente contento.

Pero, entre ese momento y ahora, *¿cuál es tu plan?* El Señor te moverá en la dirección que Él tiene para ti: «Dios trabaja en ustedes y les da el deseo y el poder para que hagan lo que a él le agrada» (Fil. 2:13, NTV). Aquí están algunas importantes posibilidades en las que no tengo la experiencia para profundizar.

- Gana tanto dinero como puedas de manera legal y siémbralo en la causa de la liberación. Existen organizaciones heroicas contra la

pornografía y la trata de personas que merecen tu apoyo financiero. Si Dios te ha dado el don de hacer dinero, úsalo para el bien de la humanidad y para Su gloria. ¡Apoya a los liberadores!
- Presiona a tus líderes políticos, de todos los niveles, para que investiguen, expongan, regulen y limiten la industria de la pornografía tanto como permita la libertad de expresión. ¿Cómo puede nuestra sociedad tolerar la pornografía por venganza, la pornografía de violación y la pornografía infantil? Todo esto está en Internet. ¿Para qué más existen las leyes, si no es para disminuir y castigar tal brutalidad? La política no es la forma suprema de poder, pero es mucho más que nada. Si estás bien conectado en la política, ¡utiliza tu influencia!
- Educa a la siguiente generación sobre nuestro pasado y nuestras historias de nobleza. Cada generación debe aprender nuevamente, en casa y en la escuela, lo magnífica que puede ser esta vida. Si Dios te llama a ser un maestro, entrenador o director de escuela (y, ciertamente, si eres padre), inspira a tus hijos, a tus alumnos, a tus atletas con el código de caballerosidad y heroísmo, con historias de valentía, virtud y sacrificio, con el ideal de que un caballero pone «primero a las mujeres y a los niños» antes de sí mismo, y así sucesivamente. Esos chicos no se burlarán de ti; no si lo han visto ya en ti. Y si tú *no* llenas su imaginación con grandeza, la pornografía *llenará* sus mentes de porquería. Nuestros hijos anhelan la nobleza. Dios la ha plantado en lo profundo de su ser. ¡Enséñales cómo vivirla al máximo!

Hay mucho que puedes hacer. Pero comenzaré mis propias propuestas con lo que *todo* varón debe hacer:

1. Persevera
Esta es tu contribución más grande para Su nuevo mundo. Simplemente *sé* un hombre de integridad creciente. Quien tú eres en lo profundo de tu corazón le da poder a lo que haces a la vista pública.

Tu meta personal es nada menos que ser un «instrumento para honra, santificado, útil al Señor, y dispuesto para toda buena obra» (2 Tim. 2:21). A medida que te moldea para ser ese instrumento para honra, el mundo de opresión del diablo pierde terreno, más de lo que alcanzas a ver. La batalla crucial se gana en tu interior. Entonces, estarás listo para cualquier impacto público que planee darte.

No que sea fácil. Este poema antiguo nos dice, en lenguaje directo, cómo el Señor nos martilla para Sus propósitos de realeza:

Cuando Dios quiere entrenar a un varón
Entusiasmar a un varón
Capacitar a un varón
Cuando Dios quiere moldear a un varón
Para el acto más noble

¡Cuando anhela en Su corazón
Crear tan gran y valiente varón
El mundo entero se asombra
Con Sus caminos y proceder!

¡Cuán implacable pulió
Al que en realeza eligió!
¡Cómo lo golpea y lo hiere
Y con poder lo convierte
En figuras y formas de barro
Que solo el Señor entiende!

¡Se dobla, mas nunca se rompe
Cuando el bien de él se propone
Él usa a quien escoge
Y gran poder le infunde

Con cada acto lo induce
A que Su esplendor abrace!
Siempre, Dios sabe lo que hace.[6]

Hijo mío, persevera bajo los golpes de Su martillo. Es un lugar duro. Pero no te endurecerá a *ti*. Es donde Dios te moldeará para la autoridad bondadosa que mueve la historia.

Los hombres que, con sus cinceles y martillos, deshagan poco a poco la industria de la pornografía son aquellos que han sido cincelados y martillados primero.

2. Comparte tu historia

¿Cómo has cambiado en el camino? ¿Dónde estabas antes y dónde estás ahora? Esa historia merece ser compartida.

¿Por qué no componer una «conversación de elevador» que tan solo dure lo que toma llegar del primer al cuarto piso, por ejemplo? Es una simple narrativa de tu antes y tu después; no de cómo Jesús te salvó en el pasado, sino de cómo te ayuda en el presente. Tenla lista para compartir con quien sea cuando sea. Tu historia (mientras más vulnerable sea, mejor), puede abrirte una conversación más larga en otro momento.

Tu experiencia les dará esperanza a hombres que se están desviando. Se sienten atrapados. Quieren escapar. Pero no pueden ver una señal de «Salida» en ninguna parte de su mundo. Allí es donde entras tú. Compárteles *cómo* estás escapando tú. Muchos hombres se unirán a ti y a tus hermanos. Comienza con una conversación sencilla; eso ya es mucho.

---

[6] Adaptado por un autor anónimo de «When Nature Wants a Man», in *Forward, March!*, by Angela Morgan (New York: John Lane, 1918), 92-95, que está en el dominio público.

¿Qué tal sentarte delante de tu laptop y pensarlo? Tu meta es «una buena historia *bien narrada*».[7] Así que haz que tus palabras sean modestas, escazas y de corazón. Cuando un amigo te otorgue el honor de escucharlas, simplemente dile, de manera directa y amable, cómo Jesús te sorprende. Es algo amoroso abrir una nueva puerta para alguien, ya sea que decida entrar por ella o no.

Y el humor ayuda. La risa *no puede* ser pretenciosa. Y es seguro que tu historia tiene algo de humor en ella. Aprovecha eso. ¿Quién espera que una historia *cristiana* incluya que nos riamos de nosotros mismos? Pero debería ser así.

¿Acaso no todos necesitan una esperanza más grande que sus propios momentos estúpidos? Y ¿cómo puede prosperar la industria de la pornografía en un mundo donde más y más varones exaltan a Jesús con sus palabras y disfrutan de hacerlo, en lugar de degradar con ellas a las mujeres?

3. Ora

La oración es una estrategia sorprendente para cambiar el mundo. La oración se siente débil. Nos sentimos extraños cuando lo intentamos. Así que la menospreciamos.

Pero nuestras oraciones a Dios no son débiles. Son poderosas, porque Dios es poderoso. Y, si nos sentimos ineptos al orar, está bien. Esta es la razón: «Dios arregla nuestras oraciones en el camino hacia arriba. Si Él no contesta la oración que hicimos, contestará la oración que debimos haber hecho. Eso es todo lo que cualquiera quisiera saber».[8]

---

[7] Robert McKee, *Story: Substance, Structure, Style, and the Principles of Screenwriting* (New York: Regan, 1997), 21. Italics original.
[8] J. I. Packer and Carolyn Nystrom, *Praying: Finding our Way Through Duty to Delight* (Downers Grove, IL: InterVarsity Press, 2006), 175.

¿Deberías juntarte con tus hermanos y diseñar planes astutos para promocionar un mundo de nobleza aquí mismo en donde estás? Sí. Planea, ejecuta, evalúa, ajusta, mejora y persevera. *Pero también debemos orar antes, durante y después de todo lo demás que hagamos.* ¿Por qué tanta oración? Por dos razones.

Uno, estamos tomando peleas contra demonios: «Porque no tenemos lucha contra sangre y carne, sino contra principados, contra potestades, contra los gobernadores de las tinieblas de este siglo» (Ef. 6:12). ¿Qué pensarías de soldados que se enfrentan a tanques enemigos con pistolitas de agua? Esos somos nosotros, sin la oración. No solo luchamos contra sitios web. Luchamos contra fuerzas invisibles que colocan sus poderes deslumbrantes y cegadores en la superficie de las horribles maldades de la pornografía.

En un sentido, encuentro consoladora la enseñanza bíblica sobre Satanás. Significa que los seres humanos no somos responsables por *toda* la maldad en este mundo. Pero también nos debe hacer ver la realidad. Por eso, Jesús nos enseñó a *orar*: «Líbranos del mal» (Mat. 6:13). El gobierno no puede hacer eso por nosotros. Pero Dios sí puede. Solo Dios puede hacerlo. Eso nos da la segunda razón para saturar cada esfuerzo con oración.

Dos, peleamos nuestras batallas con las estrategias de Dios: «Las armas con que luchamos no son del mundo, sino que tienen el poder divino para derribar fortalezas» (2 Cor. 10:4, NVI). No tenemos que ser agresivos. Tenemos la oración. Los primeros cristianos lo entendieron y, por eso, siguieron ganando contra todo pronóstico. Por ejemplo: «Les ruego [...] que se esfuercen juntamente conmigo en sus oraciones a Dios por mí» (Rom. 15:30, NBLA). Y este lenguaje de «esforzarse» significa luchar, combatir. Es la manera en que le pedimos a Dios que envíe los refuerzos que solo Él controla contra los poderes que solo Él puede derrotar.

Piensa en tu Rey de esta manera y orarás con más confianza:

El Señor Jesucristo reina hoy. Él está en la sala de control del universo. Todos los pecados del hombre y las maquinaciones de Satanás al final tendrán que magnificar la gloria y el reino de nuestro Salvador. Nos hemos vuelto demasiado conscientes del enemigo. Necesitamos volvernos más conscientes de Dios para que podamos reír la risa de la fe al saber que tenemos poder sobre todo poder del enemigo (Luc. 10:19). El enemigo ya ha perdido el control gracias al Calvario, donde el Cordero fue inmolado.[9]

Así que, no solo oremos en contra de la seducción de la pornografía, sino que oremos también por el poder del Espíritu Santo: «Pues si vosotros, siendo malos, sabéis dar buenas dádivas a vuestros hijos, ¿cuánto más vuestro Padre celestial dará el Espíritu Santo a los que se lo pidan?» (Luc. 11:13). Pensamos: «Mientras mejor sea el regalo, más difícil será que Dios quiera dárnoslo». Pero la verdad es lo contrario: «[…] *¿cuánto más* vuestro Padre celestial dará el Espíritu Santo a los que se lo pidan?». No debemos merecer el Espíritu Santo, pero sí tenemos que pedirlo: «[…] a los que *se lo pidan*». Dios nos llama a la oración como estilo de vida para que podamos experimentar Su poder durante toda la vida.

El verdadero avance del reino no es mecánico ni automático, como una línea de producción donde presionamos botones y estamos en control. El verdadero avance del reino es personal; nuestro Rey mismo se acerca a ti y a tus hermanos, es sensible a ustedes, los escucha. Es ustedes pidiéndole a Él Su poder una y otra vez. Lo que Él busca no es solo un nuevo mundo de nobleza, sino un nuevo mundo de nobleza *tan evidentemente milagroso* que te

---

9 Patrick Johnstone, *Operation World* (Kent: STL, 1987), 21.

sorprendas por lo que solo Él puede hacer. La oración es donde ocurre el milagro una y otra vez.

Puedes comenzar cada día con una sencilla oración por ti mismo. Así: «Señor, te necesité ayer. Te necesito de nuevo hoy. Me has dado una tarea demasiado grande para mí. Así que, por favor, dame más de tu Espíritu Santo ahora, donde veas mi necesidad. Gracias. En tu santo nombre. Amén». No es complicado. Es simplemente el Padre Nuestro: «Venga tu reino», en tus propias palabras. Funcionará, no porque estés forzando a Dios, sino precisamente porque no tienes que forzarlo. No porque tus palabras sean convincentes, sino porque tu Padre está dispuesto.

También puedes orar por un avivamiento mundial. ¿No sería increíble ver que el siguiente avivamiento histórico comience dentro de la industria de la pornografía? No tengo tiempo para «avivamiento» si lo que significa es que una buena iglesia en los suburbios mejore su cómodo estilo de vida a medida que vuelan hacia el cielo en piloto automático. El avivamiento por el que oro es que nuestro Rey descienda al infierno más profundo de la pornografía y con bondad perdone a los jefes, a los inversionistas, a los camarógrafos, a los modelos, a los administradores de sitios web, a los publicistas, a los usuarios y a todos los que mueven el motor de la opresión. Nuestro Rey puede derramar sobre cualquiera un gozo que *jamás* han conocido. Y nunca dejaré de orar por eso. ¿Te unirás conmigo?

Si pedimos por esa enorme bendición, me *sorprendería* que Jesús nos contestará con un «No».

4. Cásate

A menos que Jesús te llame a servirlo como soltero, ¡cásate! ¡Y ama bien a tu esposa! El matrimonio es una estrategia subestimada para cambiar el mundo.

Y no esperes hasta encontrar a tu alma gemela perfecta, ni hasta cumplir tus metas de carrera ni hasta que puedas pagar una vida cómoda juntos. El amor verdadero no se trata de calcular. Caramba, es más fácil que eso, hijo mío. ¡Solo enamórate perdidamente y cásate! Tu matrimonio será tanto imperfecto como milagroso. El Señor estará contigo y con tu esposa tanto como lo estuvo con Adán y Eva.

El matrimonio es profético. Un matrimonio sano y terrenal hace el amor de Cristo más visible y creíble a un mundo escéptico. *Tú* no tienes que ser increíble. El matrimonio en *sí mismo* es increíble; dos pecadores otorgan gracia y reciben gracia «hasta que la muerte los separe». ¿Quién puede negar la belleza de eso?

Y, si tu esposa fue maltratada en este mundo de brutalidad, traerá ese sufrimiento al matrimonio. Eso significa que el Señor te da a ti un privilegio sagrado. Puedes demostrarle a *ella* que Su amor es real.

Mi amada esposa Jani me pidió incluir su historia en este punto si resultaba útil. Naturalmente, estoy honrado de escucharla hablar:

> Crecí en un hogar donde mi padre no amaba bien a mi madre ni a mí. Durante muchos años, él ocultó su corazón *de* Cristo, en lugar de llevar su corazón *hacia* Él. Un gran dolor en mi niñez fue que él me acosó durante algunos años, hasta que fui lo suficientemente mayor como para decir: «Si vuelves a hacer esto, le diré a mamá». Así que finalmente me dejó en paz. Siempre me he arrepentido de no buscar ayuda de alguien. Pero no tenía ni las palabras ni la madurez para superar mi propia confusión nauseabunda y mi humillación.
>
> Cuando conocí a Ray (mi héroe en todos los aspectos), de nuevo no tuve ni la sabiduría ni la valentía para decirle sobre

este lugar oscuro de mis primeros años. Mucho estaba bien enterrado en memorias reprimidas. Pero, eventualmente, todo comenzó a salir a la luz. Sabía que tenía que hablar sobre esto con mi amado esposo. ¿Cómo respondería él?

Ray pudo haberse sentido traicionado, enojado o repugnado. Pudo haberse alejado. En cambio, se acercó a mí, más que nunca. Me dijo: «Querida, esto no cambia nada entre nosotros. Solo hace que quiera amarte más tiernamente y protegerte con más intensidad. Siempre he sentido solo el privilegio de ser tu esposo. Por favor, permíteme amarte». El amor de Jesús mismo bondadosamente me inundó.

Dios ha utilizado a Ray para redimir mi pasado. Él nos ha bendecido con un matrimonio profundamente satisfactorio. Él me dio el privilegio de casarme con un hombre que me ha amado bien.

Jesús crea matrimonios donde todos ganan, en este mundo donde todos pierden. Si el corazón de tu esposa fue roto, puedes construir un nuevo mundo de grandeza aquí mismo en tu hogar. Ámala con un entendimiento bondadoso. Dios te la dio para que ella pueda experimentar Su amor a través de tu amor. Ella lo merece.

Tu hogar es donde tu familia y muchos amigos que te visiten pueden experimentar la presencia sanadora del Rey con *impacto generacional*.

5. Crea

Como un pastor de Nashville, la música significa mucho para mí. Es poderosa para construir un nuevo mundo de nobleza. Esta es la razón: Andrew Fletcher, un político escocés de hace mucho tiempo, dijo con sabiduría: «Si se le permitiera a un hombre componer todas las baladas, no tendría que preocuparse por quién escribe las leyes de la nación».[10] Por supuesto, la música nos moldea más que las leyes. La música mueve nuestro corazón. Por eso, cantar juntos es una fuerza creativa para un nuevo mundo entero.

Recuerdo el movimiento de derechos civiles de los años 60, con Bob Dylan y Mahalia Jackson y otros que daban a la gente música que validaba sus anhelos e inspiraba su valentía. Aquí está una historia real de esa época. Jamila Jones, de niña en 1958, fue a la escuela Highlander Folk en Tennessee para entrenarse como activista. La policía hizo una redada en su escuela. La ciudad cortó la energía eléctrica. En la oscuridad de esa noche, Jamila y sus jóvenes amigos comenzaron a cantar: «No tenemos miedo», con la melodía de la canción «We Shall Overcome» [Venceremos]. En una entrevista grabada por la Librería del Congreso, Jamila nos narra lo que ocurrió después:

> Cantamos ese verso más fuerte y más fuerte, hasta que un policía vino y me dijo: «Si tienen que cantar», y estaba de hecho temblando, «¿pueden no hacerlo tan fuerte?». Yo no pude creerlo. Aquí estaban estas personas con todas las pistolas, los garrotes, el poder; eso pensábamos. Y él me estaba preguntando, temblando, si podría no cantar tan fuerte. Y fue en ese momento que entendí el poder de nuestra música.[11]

¿Quién ha escrito el himno de liberación de nuestra generación? ¿Dónde están los músicos, además de los novelistas, los pintores,

---

10 *The Political Works of Andrew Fletcher* (London, 1732), 372. Doy gracias a mi amigo Tom Douglas, el compositor de Nashville, por ayudarme a encontrar esta cita. Fletcher continúa diciendo que la mayoría de los legisladores del pasado encontraron que no podían reformar una nación sin la ayuda de una canción.
11 «Music in the Civil Rights Movement», Library of Congress https://www.loc.gov/collections/civil-rights-history-project/articles-and-essays/music-in-the-civil-rights-movement/.

los cineastas, los fotógrafos, los poetas, los escultores y otros, que nos darán las canciones, las imágenes y las historias de lamento, de protesta, de confianza y de valentía, de gozo, de sacrificio y de victoria? ¿Cuántas iglesias hoy tienen en su repertorio canciones, liturgias y lecturas para el combate *contra* la degradación de la pornografía y *a favor* de la nobleza de la justicia, como las iglesias del siglo XIX que tenían el himno abolicionista «Battle Hymn of the Republic» [Himno de batalla de la república] como su grito de batalla? *¿Por qué inclusive se nos hace difícil imaginar a una iglesia que canta hoy de esa manera?* ¡Qué punto tan ciego tenemos! ¡Tenemos mucho que actualizar!

¿Te está llamando el Señor a luchar por la nobleza con las armas poderosas del arte?

6. Defiende

Hay una manera, para todo varón, con cualquier llamado, de defender un nuevo mundo de nobleza. Y es más poderosa que la política.[12]

El camino de Dios es tan sencillo; sí, puede ser poco impresionante, pero es factible. Solo muéstrate al público como un hombre que experimenta la sanación de Dios. Es un paso valiente para tomar. Por supuesto, si estás casado, háblalo con tu esposa antes. (Siempre respeta sus sentimientos). Y sé sabio en lo que dices y dónde lo dices. Pero, en especial con tus hermanos en la confesión, la oración y la sanación (lo que describí en mi última carta), mientras más abierto y vulnerable te vuelvas, más varones se unirán a ti. Y los pequeños cambios personales crecerán con el tiempo hasta convertirse en grandes cambios sociales.

---

12 Doy gracias a mi amigo, el doctor Russell Moore de la Comisión para la libertad ética y religiosa, por sugerirme, en una conversación personal, esta línea de razonamiento.

La hermandad puede remplazar a la pornografía con más poder que las leyes.

Tu hermandad es una prueba pública del nuevo mundo de nobleza, donde los hombres pueden ver que «Dios está entre vosotros» (1 Cor. 14:25). Su gracia sorprendente y amorosa resonará con profundidad a medida que más varones se den cuenta de lo que es posible, gracias a Él.

Muchos varones se han dado por vencidos. Ponen la pornografía en el «presupuesto» de su conciencia. Ni siquiera pueden imaginarse la vida sin ella, hasta que *ven* a hombres que están siendo liberados.

El Fantasíalandia de la pornografía inevitablemente se convierte en el infierno. Entonces, el varón puede comenzar a buscar una salida, de la misma manera que tú. Pero, esta vez, tú estarás allí para él. Haz que la opción de tu hermandad sea públicamente obvia, fácil de encontrar. ¡Esa es una defensa poderosa!

De nuevo, mientras más accesible seas, más convincente serás. Es difícil dejarle saber a otros varones dónde has estado y lo que has hecho. Pero los soldados del Rey hacen cosas difíciles, por causa de Él: «Sufre penalidades como buen soldado de Jesucristo» (2 Tim. 2:3).

Ah, y también esto. La tecnología que disemina la pornografía también puede ayudar a crecer a tu hermandad. No solo juegues a la defensiva. ¡Echa a andar la ofensiva! ¡Ve y destruye las puertas del infierno (Mat. 16:18)! Diseña un sitio web con videos, historias e imágenes de cómo se ve una hermandad saludable. Sé realista. No utilices falsas «historias de éxito». Sino muestra mucha honestidad y muchas risas.

¡Defiende públicamente el nuevo mundo de nobleza del Rey como una alternativa tan obviamente alentadora que a todo varón le *encantaría* unirse!

7. Regocíjate

Sí, leíste bien. *Regocíjate*. ¿Te parece algo pequeño? No. El gozo es poderoso. El gozo de lo alto te convierte a ti y a tus hermanos en una ola de renovación para una generación agotada.

No me malinterpretes. Es un *pecado* no entristecerte por cosas tristes. Jesús dijo: «Bienaventurados los que lloran» (Mat. 5:4). Pero *sí es* un pecado ser malagradecido, quisquilloso y gruñón. Como cuando alguien se detiene y dice: «Dios, esta es una porquería de vida que me diste, *¿en serio?* ¿Esto es lo mejor que puedes ofrecerme?». Entonces, voltear a la pornografía es fácil. No se trata de sexo. Se trata de autocompasión. Es un pecado que entra en la espiral descendente hacia más pecado. ¿Cómo puede eso terminar bien?

Pero esto es lo que Satanás teme. ¡Hombres de Dios, como nosotros, que se regocijan como locos! Él no le teme a nuestra inteligencia. Él es más inteligente. Él no le teme a nuestro buen comportamiento. Él puede torcer la moralidad en hipocresía. Lo que Satanás teme es un hombre destrozado, que perdió todos sus sueños, tan devastado que lo único que le queda es Jesús, y que se voltea hacia Jesús. En su angustia, su trauma, ese hombre cae a los pies de Jesús sin nada más que su necesidad desesperada. Y *a ese hombre*, el Rey resucitado le habla, como solo Él puede hacerlo, y le dice: «No te desampararé, ni te dejaré» (Heb. 13:5). Y ese hombre llora, *de gozo*. Ese hombre quebrantado es el gran guerrero a quien Satanás teme.

El engaño de Satanás, la industria de la pornografía, tiene mucho que perder, más aún si tus hermanos y tú experimentan el gozo poderoso del Señor. El mayor poder para el bien en todo el mundo no requiere de una petición de un comité ni de un voto de la mayoría. Es sencillo: tu gozo en Cristo. No tu voluntad de hierro, sino tu corazón gozoso. El mensaje saldrá y más varones se unirán.

La Biblia nos ordena: «Regocijaos en el Señor siempre. Otra vez digo: ¡Regocijaos!» (Fil. 4:4). Pero no lo entiendas como: «Siempre está animado, optimista, vivaracho». No, «regocijaos en el Señor» significa esto: sin importar qué tan locas se pongan las cosas, *mientras el Señor siga siendo el Señor*, tendremos una razón para regocijarnos. Si nos obsesionamos con la pregunta: «¿Por qué me está sucediendo esta dificultad?», nunca nos regocijaremos. Pero si seguimos preguntando: «¿Qué del *Señor* puede ayudarme en mi necesidad ahora mismo?», nos sorprenderemos por lo que encontraremos y lo que sentiremos.

Por ejemplo, el peor escenario posible: estás cerrando tu laptop tras haber caído de nuevo. No tardas mucho en empezar a sentirte derrotado, disgustado, avergonzado. Pero ¿qué siente *el Señor* sobre ti en este momento preciso? «Se inflama toda mi compasión» (Os. 11:8). «Mis entrañas se conmovieron por él» (Jer. 31:20). Tu Rey es «amigo [...] de pecadores» (Mat. 11:19), no su enemigo. Cuando pecas, Él es tu «abogado» (1 Jn. 2:1), no tu acusador. Levantarse como tu ayudador y aliado es Su llamamiento santo, Su trabajo, podríamos decir. Y Él *ama* Su trabajo. Está gozosamente comprometido con tu integridad gozosa. Es lo que Él honestamente siente de ti, simplemente porque es lo que Él es, en lo profundo, ahora y para siempre. Así que, adelante, regocíjate en el Señor ahora mismo, tal como eres, y desafía tu propia ridiculez.

¿Quieres darle a Satanás un mal día? Regocíjate en el Señor. ¿Quieres fortalecer a tus hermanos? Regocíjate en el Señor. ¿Quieres permanecer firme en la tentación? Regocíjate en el Señor. ¿Quieres darle poder a la causa de la justicia? Regocíjate en el

Señor. El gozo es el mayor poder en el universo. No es de asombrarnos que la Biblia diga: «Regocijaos en el Señor siempre». Hijo mío, este es mi último llamado. ¿Te comprometerás *ahora mismo* a regocijarte en el Señor, todos los días de tu vida, como tu estado mental predeterminado? Puedes ser así de decisivo:

Alabaré a Jehová en mi vida;
    Cantaré salmos a mi Dios mientras viva
    (Sal. 146:2).

Así es como puede verse esta resolución. Historia real.

Mi padre fue pastor. Un día, recibió una llamada telefónica de la nada. Una familia que visitaba nuestra ciudad encontró: «Rev. Ray Ortlund» en el directorio telefónico y marcó el número. El padre anciano de esta familia estaba muriendo de pronto, así que necesitaban un pastor. Así que papá se subió a su auto y manejó hasta el hospital. Estuvo allí junto a la cama de ese anciano, leyó la Escritura y oró. Luego, observó que los labios del hombre moribundo se movían. Así que papá se inclinó para escuchar lo que decía. Después de todo, ¡estas eran sus últimas palabras! ¿Qué fue lo que este anciano susurró con su último aliento? «¡Alabado sea el Señor! ¡Alabado sea el Señor! ¡Alabado sea el Señor!». Era el gozo de Salmos 146:2 en la vida real —y la muerte. Papá nunca lo olvidó. Y me lo compartió. Y ahora lo comparto contigo.

Muy pronto, serás ese anciano. Estarás en tu lecho de muerte. Y tal vez tendrás la fuerza para unas pocas palabras finales. ¿Puedes imaginar susurrar esto?: «¡Ah, pornografía preciosa, gracias, gracias, gracias!».

Hijo mío, puedes morir de manera *magnífica*. Puedes susurrar, con tu último aliento: «¡Alabado sea el Señor! ¡Alabado sea el Señor! ¡Alabado sea el Señor!». El infierno se estremecerá con dolor demoníaco al perderte de manera tan decisiva. El cielo gritará con festejos y gozo angelical al recibirte de manera tan eterna. Y dejarás atrás un mundo mejor.

¡Bien hecho!

Porque nunca te arrepentirás de esto,
Ray

Apéndice

«La identidad del varón»

David Powlison

¿QUIÉN ERES? ¿Qué le da a un varón su identidad? ¿Sobre qué fundamento estás construyendo tu sentido de identidad? Tu respuesta, ya sea verdadera o falsa, define lo que significa tu vida.

En nuestro corazón se levantan naturalmente maneras incorrectas de definir quiénes somos, y el mundo alrededor de nosotros predica y modela innumerables identidades falsas. Pero Jesús traza y sigue un camino contraintuitivo y contracultural para saber quién eres. Tu identidad verdadera es un regalo de Dios, un descubrimiento sorprendente y, luego, una elección comprometida.

¿De qué maneras pueden los varones obtener una identidad incorrecta? Tal vez la construyes con los roles y los logros enlistados en tu currículo. Tal vez te identificas por tu linaje o etnicidad, o por tu historia laboral, o por las escuelas a las que asististe, o por tu estado civil o por tu rol como padre. Tal vez de defines por tus tendencias políticas o los objetos de tus anhelos sexuales. Tal vez te consideras representado por una categoría de Meyers-Briggs o por un diagnóstico psiquiátrico. Tu sentido de identidad puede estar basado en el dinero (o falta de dinero), en tus logros (o fracasos), en la aprobación de otros (o rechazo), en tu autoestima (o autodesprecio). Tal vez piensas que tus pecados te definen: ira, adicciones, lisonja. Tal vez tus aflicciones te definen: una discapacidad, un cáncer superado, un divorcio. Incluso tu identidad cristiana puede anclarte en algo que no es Dios: tu conocimiento bíblico, tus dones o la denominación a la que perteneces.

En cada caso, tu sentido de identidad está separado del Dios que en verdad te define. La manera de Dios de medir a un hombre va en contra de la corriente de nuestras opiniones y estrategias instintivas. Aquí están seis realidades básicas para orientarte.

- Tu verdadera identidad es quién Dios dice que eres. Nunca descubrirás quién eres si miras en tu interior o si escuchas a los demás. El Señor tiene la *primera* palabra porque Él te creó. Él tiene la palabra *a diario* porque vives ante Su rostro. Él tiene la *última* palabra porque Él revisará tu vida de principio a fin.
- Tu verdadera identidad te conecta inseparablemente con Dios. Todo lo que puedas aprender sobre quién es Dios, Su identidad, corresponde específicamente a algo sobre quién eres tú. Por ejemplo: «Tu Padre conoce tu necesidad», significa que siempre eres un hijo dependiente. «Jesucristo es tu Señor», significa que siempre eres un siervo.
- Quién es Dios también corresponde a cómo expresas tu identidad central en el desarrollo de tus diversos roles de vida. Por ejemplo: «La compasión del Señor por ti es como la de un padre con sus hijos». Siempre serás un hijo dependiente en tu corazón, pero conforme creces a Su imagen, serás cada vez más capaz de cuidar a otros como un padre.
- Tu sentido instintivo de identidad está torcido. En el acto de reprimir el conocimiento de Dios, el corazón caído reprime el

conocimiento de sí mismo. Cuando nos olvidamos de Dios, olvidamos quiénes somos.
- Una identidad verdadera y duradera es un regalo complejo de la gracia de Cristo. Él nos da una nueva identidad en un acto de misericordia. Luego, Su Espíritu la convierte en una realidad viviente durante tu vida. Cuando lo veas cara a cara, lo conocerás como es en verdad y te conocerás a ti mismo por completo.
- Tu nueva y verdadera identidad te conecta con los demás hijos de Dios en un llamamiento común. No es individualista. Eres un miembro del cuerpo vivo de Cristo.

Ahora, considera algunos de los detalles. No los leas superficialmente. Nunca serás atrapado por estas verdades si las tratas como información a descargar.

Todo don perfecto, comenzando con la vida misma, proviene de Dios. Nunca serás independiente. El Señor sustenta nuestra vida físicamente. Y cada palabra de la boca de Dios da vida. Y, por sobre todas las cosas, Jesucristo es el pan de vida. La fe conoce y abraza esta identidad central: «Yo dependo de *Él*».

Nuestra dependencia como seres creados se agrava, se complica y se intensifica por los pecados y los sufrimientos. Conocernos en verdad a nosotros mismos es conocer nuestra necesidad de ayuda. La fe conoce y abraza esta identidad central: «Soy *pobre* y *débil*».

El Señor es misericordioso con los descarriados. Él redime a los que son intrínsecamente pecadores, olvidadizos y ciegos. La fe conoce y abraza esta identidad central: «Soy *pecador*, pero soy *perdonado*».

Dios es nuestro Padre. Él nos adopta en Cristo y nos vuelve a crear con un corazón como de niño por el poder del Espíritu. Necesitamos ser criados cada día. Necesitamos un cuidado tierno, una instrucción paciente y una disciplina constructiva.

La fe conoce y abraza esta identidad central: «Soy *hijo* de Dios».

El Señor es nuestro refugio. Nuestra vida está llena de una variedad de problemas, amenazas y decepciones. No somos lo suficientemente fuertes como para enfrentar todo esto. La presencia de Dios es nuestro único lugar seguro. La fe conoce y abraza esta identidad central: «Soy un *refugiado*».

El Señor es nuestro pastor. Él dio Su vida por Sus ovejas. Él guarda nuestra salida y nuestra entrada. Necesitamos cuidado y vigilancia continuas. La fe conoce y abraza esta identidad central: «Soy una *oveja* en Su rebaño».

Cristo el Señor y Amo. Él nos compró por precio; le pertenecemos. Necesitamos que alguien nos diga qué hacer y cómo hacerlo. La fe conoce y abraza esta identidad central: «Soy un *siervo* de por vida».

El Señor está casado con Su pueblo. Él nutre y ama con paciencia a Su esposa, el cuerpo vivo de Cristo. Necesitamos un esposo fiel, amable, protector y generoso. La fe conoce y abraza esta identidad central: «Me *someto* a Jesús».

Dios escudriña el corazón de todo hombre. Vivimos delante de Su vista. La fe conoce y abraza esta identidad central: «Soy un hombre que *teme a Dios*».

Nuestro Dios es bueno, poderoso y glorioso. Él es digno de nuestra confianza, estima, deleite y gratitud. La fe conoce y abraza esta identidad central: «Soy un *adorador*».

¡Podríamos seguir! El patrón es muy evidente. Cada aspecto central de la identidad del varón expresa alguna forma de humildad, de necesidad, de sumisión, de dependencia hacia el Señor. Nuestra cultura y nuestro corazón pueden afirmar que nuestra masculinidad significa ser independiente, seguro de sí mismo, orgulloso, fuerte, asertivo, decisivo, tenaz, obstinado y poco emocional. Pero Jesús es el varón verdadero y Él no le teme a la debilidad, a la humildad y a la sumisión. Él vino como un bebé desamparado y desprotegido. Él se volvió dependiente, pobre, afligido e indigente. Él se sometió; fue un siervo obediente con un trabajo que cumplir. Él se volvió un hombre común y murió en dolor; entregó Su espíritu en las manos de Dios y dependió por fe en el poder del Espíritu para levantarlo de los muertos. Él siente cada emoción que se expresa en los salmos.

Y, sin embargo, Jesús también es fuerte. Es líder, maestro y Señor. Él habla con autoridad decisiva. Él ayuda al débil. Él perdona al pecador. Él otorga misericordia. Él enfrenta la hostilidad del hombre con valentía y claridad. Y Él vive con un propósito. Él sale a buscar a Su oveja perdida. Él hace lo que Dios hace.

¿Cómo encajan estas dos cosas en la vida de Jesús, y en la nuestra? Aquí está el patrón: La identidad central de un varón lo conduce al llamado de actuar como Dios. La debilidad conduce a la fuerza. Servir conduce a dirigir. La muerte conduce a la resurrección. Nunca funciona en la otra dirección. Cuando tu identidad central es mansa y humilde, como Jesús, entonces tu llamado se convierte en Su imagen del amor con propósito, sabio y valiente. Te vuelves como Dios.

El orden importa. Te vuelves generoso y misericordioso al recibir continuamente Sus generosas misericordias. Aprendes a proteger a otros al encontrar refugio en el Señor. Te conviertes en un líder experto al vivir como el siervo de un buen Amo. Te conviertes en un sabio maestro al ser un estudiante bien enseñado. Aprendes cómo ser un esposo en amor para tu esposa al someterte a tu buen esposo, Cristo. Te conviertes en un pastor amoroso hacia otros al vivir como una oveja bien pastoreada del Pastor. Te vuelves un sorprendentemente buen consejero al ser bien aconsejado por tu maravilloso Consejero.

Por supuesto, en gran parte de nuestra vida, funcionamos en roles donde otros están sobre nosotros y vivimos en dependencia y sumisión honorables. «Por causa del Señor someteos a toda institución humana» (1 Ped. 2:13). Los líderes en una esfera se someten en otras esferas. El pastor de tu iglesia está sujeto a las autoridades del gobierno. Un padre con hijos le debe honor a Su propio padre y madre. El esposo es empleado de su patrón. Cuando tu identidad central está en Cristo, llevarás fruto, ya sea que Él te llame a servir como líder o como siervo.

Finalmente, considera que todos tus llamamientos temporales tendrán un final. Cuando envejezcas, te vuelvas frágil e indefenso, estarás a cargo y bajo la responsabilidad de alguien más. Pero tu verdadera identidad es eterna. Seguirás permaneciendo en Cristo. Y, cuando Él se manifieste, también serás manifestado con Él en gloria.